New Edition

문법실력 UP! 왜?라는 질문에 속시원히 답해주는
중국어문법책
Workbook

원저 相原茂・石田知子・戸沼市子　해설 박귀진・민병석

왜?라는 질문에 속시원히 답해주는
중국어 문법책 워크북

초판발행	2007년 4월 25일
1판 14쇄	2025년 10월 30일
편저	相原茂, 石田知子, 戶沼市子
해설	박귀진, 민병석
편집	최미진, 연윤영, 주민경, 徐婕
펴낸이	엄태상
디자인	김지연
콘텐츠 제작	김선웅, 장형진
마케팅본부	이승욱, 노원준, 조성민, 이선민, 김동우
경영기획	조성근, 최성훈, 김로은, 최수진, 오희연
물류	정종진, 윤덕현, 신승진, 구윤주
펴낸곳	시사중국어사(시사북스)
주소	서울시 종로구 자하문로 300 시사빌딩
주문 및 교재 문의	1588-1582
팩스	0502-989-9592
홈페이지	http://www.sisabooks.com
이메일	book_chinese@sisadream.com
등록일자	1988년 2월 12일
등록번호	제300 - 2014 - 89호

ISBN 978-89-7364-529-9 14720
978-89-7364-527-5(set)

ⓒ 2007 相原茂, 石田知子, 戶沼市子
『Why?にこたえるはじめての中国語の文法書』
株式会社同学社 라이선스 독점출판

* 이 책의 내용을 사전 허가 없이 전재하거나 복제할 경우 법적인 제재를 받게 됨을 알려 드립니다.
* 잘못된 책은 구입하신 서점에서 교환해 드립니다.
* 정가는 표지에 표시되어 있습니다.

머리말

중국어는 어떻게 공부하라구요?

이 책을 선택한 걸 보니
당신은 중국어 공부하는 법을 아는 분 같습니다.

당신은 '중국어문법책'이 얼마나 좋은 교재인지 아시겠지요.
당신은 또한 '연습문제'의 중요성도 잘 아시는 분 같습니다.

잘 고르셨습니다.

중국어는 '엉덩이로 공부해야' 합니다.

머리가 좋은 것보다
재치가 있는 것보다
꾸준히 묵묵히
책상 앞에 앉아있는 시간이 얼마나 되느냐에 따라
승부나는 것이 바로 중국어입니다.

이 책으로 한번
중국어
제대로 공부해 보십시오.

이것이 바로 당신에게 딱 맞는 책
중국어 성공으로 가는 책입니다.

일러두기

이 책으로 공부하시는 거 보니 당신은 꼭 **성공할 사람**입니다.

왜 이 책으로 공부하면 성공할까?
여기 답과 증거 5가지가 있습니다.

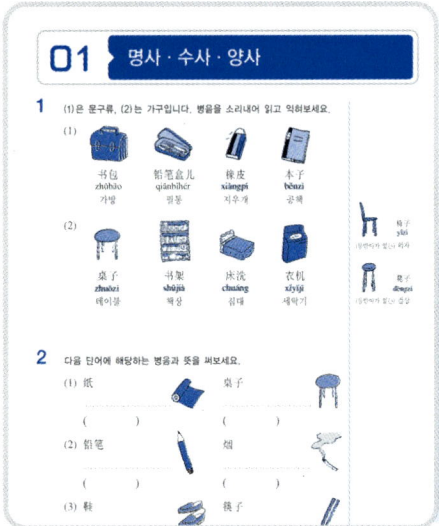

1. 본 교과서의 좋은 점을 고스란히 살렸습니다.

이 '워크북'의 본 교과서 '중국어문법책'이 좋다는 것은 다 아시죠?
상세하고 친절하고 재미있고... 이 '워크북'도 마찬가지입니다.
순기초부터 차근차근, 워크북과 함께 중국어 실력을 붙여가 보세요.

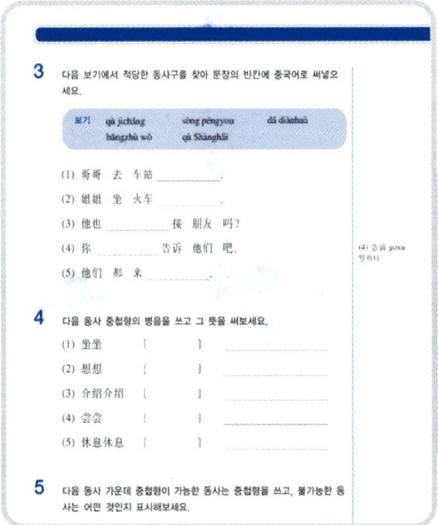

2. 연습의 양의 많고 내용이 충실합니다.

아유, 문제가 이렇게 많은가? 예, 적은 양의 연습문제는 아닙니다.
하지만 당신의 중국어 성공을 위한 '최소한의 필요조건'입니다.
충분조건이요? 여기 문제를 여러번 익혀 완전한 '내꺼'로 만드세요.

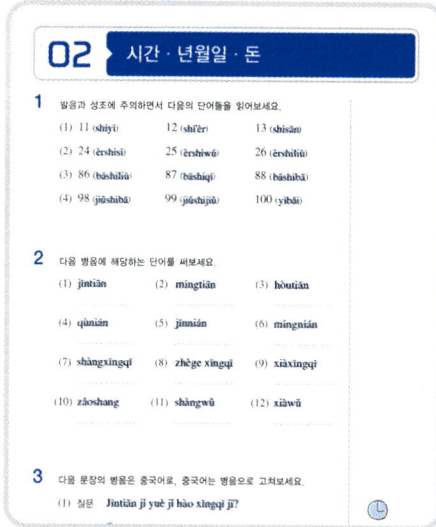

3. 연습의 종류도 많아 제대로 배우게 됩니다.

이 책에 담긴 연습문제를 분류해보면 그 종류가 수십 수백 가지.
배우는 내용이 다양하다 보니 그에 따라 새로운 문제가 나오는 겁니다.
새로운 '공부나라'에 들어오시면 새로운 '공부음식'을 맛볼 수 있죠.

4. 연습문제에도 충실한 설명을 달았습니다.

연습문제를 풀면서 실력이 쑥쑥 느는 책, 이 책이 바로 그렇습니다.
필요하면 언제라도 해설이 나옵니다. 예를 들어 10과를 한번 찾아보세요.
병음 qu 와 nu 의 발음법/표기법에 대해 또다시 설명하고 있습니다.

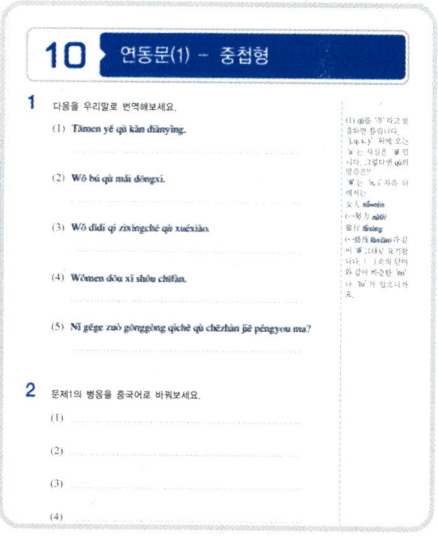

5. 귀여운 일러스트가 있어 공부가 즐겁습니다.

어쩌면 그림이 이리도 귀여울까. 이 책에선 멋진 일러스트뿐만 아니라
옛날 얘기와 힌트 등이 버무려져 있어 그것만으로도 공부가 즐겁습니다.
저자에게서 직접 강의를 듣는 듯한 느낌은 본 교과서와 똑같습니다.

연습문제를 풀다 좀더 자세한 내용이 필요하면 본교재를 참조하세요.

01	명사·수사·양사	01 명사 02 물건 세는 법 │ 단수·복수 │ 10까지의 수와 「몇 개」│ 「1권」│ '二' 과 '两' │ 의문대명사 '几'
02	시간·년월일·돈	01 100까지의 숫자 02 년·월·일·요일 03 오전(오후) ~시 ~분 04 어제·오늘·내일 05 시량과 시점 '一天' 과 '一号' 06 「얼마죠?」 07 명사술어문
03	지시대명사와 인칭대명사	01 지시대명사 '这', '那', '哪' 02 인칭대명사 '我', '你', '他' 와 '们' 03 친족 호칭 04 관형어와 '的 ~의' │ 관형어와 중심어 │ 소유·소속을 뜻하는 '的' │ '的' 의 생략 │ 「~의(것)」 05 여러 개의 관형어를 나열하는 법 06 「나의 누이」, 「나와 누이」, 「나의 누이, 燕燕」
04	수의 여러가지	01 한·중의 수 체계 02 분수와 퍼센트 03 소수 04 배수 05 대략의 수 06 서수
05	여러가지 형용사와 구별사	01 성질형용사와 상태형용사 │ 성질형용사 │ 상태형용사 02 성질형용사+'的' 03 여러 개의 수식어를 나열하는 법 04 구별사
06	형용사술어문	01 형용사술어문 만드는 법 │ 상태형용사 │ 성질형용사 02 부정 03 의문문 │ '吗' 의문문 │ 정반의문문 │ 선택의문문 '还是' │ 의문대명사 '怎么样' 04 주술술어문
07	동사술어문	01 동사술어문의 어순 │ S+V │ S+V+O │ S+V+O+O │ 상황어+V 02 동사술어문의 부정 03 의문문 만드는 법 │ '吗' 의문문 │ 정반의문문 │ 선택의문문 │ 의문대명사의문문 04 소유를 나타내는 '有'
08	동사술어문 '是'	01 'A是B' 「A는 B이다」 02 부정은 '不是' 03 '是' 의 의문문 04 말하는 이의 인정·판단을 나타내는 '是' 05 주술술어문 06 동사(구) + '的'
09	존재의 표현	01 3종류의 「있다」 문형 │ 장수 + 有 + 존재하는 것 │ 존재하는 것 + 在 + 장소 │ 장소 + 是 + 존재하는 것 │ '有' 와 '是' 의 다른 점

		02 장소의 여러 가지 – 대명사·방위사·명사 ｜ 지시대명사 ｜ 방위사 ｜ 명사 03 명사의 장소성
10	연동문(1)·중첩형	01 연동문 (1) ｜ 동작이 행해지는 순서대로 ｜ '不'나 '也'는 V1 앞에 ｜ 「했다」의 '了'는 맨 끝의 V에 ｜ 연동문이 아닌 **喜欢看电影** 02 중첩형 ｜ 동사의 중첩형 ｜ 형용사의 중첩형 ｜ 수사, 양사, 수량사의 중첩형 ｜ 명사의 중첩형
11	의문문(1)	01 '吗' 의문문의 정리 ｜ '吗' 의문문의 주의할 점 ｜ 억양(인토네이션) 의문문 ｜ 의문대명사를 포함한 의문문 02 의문대명사 의문문 ｜ 어순 ｜ '怎么'와 '怎么样' ｜ '怎样'와 '怎么' ｜ 의문대명사의 활용 03 '多少'와 '几'
12	의문문(2)	01 多 + 형용사 : 얼마나 ～합니까? 02 명사 + '呢' 의문문 03 의문대명사 '전체형'과 '분석형' 04 '물음'과 '의문' : 의문문의 2대 분류
13	전치사(개사)	01 전치사의 구조와 역할 02 전치사의 동사 03 중요한 전치사 및 그 용법 ｜ 장소·방향 ｜ 1시간 ｜ 대상 ｜ 기타
14	전치사 '是~的' 구문	01 전치사구를 포함한 문장 ｜ 부정형 ｜ 부정의 범위 ｜ 의문문 02 '是~的' 구문 ｜ '是~的'에서 강조되는 것 ｜ 부정형 ｜ 의문문 ｜ 목적어의 후치(後置) ｜ '是'의 생략
15	상용되는 부사	01 부사의 종류 ｜ 의미에 따른 분류 ｜ 문장 중의 위치에 따른 분류 02 부사의 역할과 특징 ｜ 역할 ｜ 문법적인 특징 03 자주 쓰는 부사들의 해설
16	문장 성분의 정리	01 문장 성분의 기본적 순서 02 주어와 술어 ｜ 주어와 술어의 관계 ｜ 동사, 형용사도 그대로 주어로 ｜ 체언도 형태 그대로 술어로 03 목적어 ｜ 동사와 목적어 ｜ 동사, 형용사도 목적어로 04 관형어(한정어)와 부사어(상황어) ｜ 관형어 ｜ 부사어
17	존재·출현·소실의 문장, 비주술문, 명령문	01 존현문 ｜ 존재 ｜ 출현 ｜ 소실 ｜ 존재·출현·소실의 문장에 자주 사용되는 동사 02 비(非)주술문 : 주어가 없어도 문장 03 명령문 ｜ 상대에게 명령·요구 ｜ [동사+**着**]로 상대에게 요구 ｜ 别, 不要, 甭, 别…了, 少
18	조동사(능원동사)	01 주된 조동사 02 조동사의 성질 03 조동사의 의미와 용법 04 조동사의 부정 : 대표 선수의 등장

19	중국어란 어떤 언어?	어순에 대해	'조금 춥다'라는 표현에 대해	보어가 발달된 중국어에 대해	시제와 동태에 대해	V-O의 관계에 대해	우리말과의 차이점에 대해	부사의 중요성에 대해	문법용어에 대해	중국어의 은어에 대해	동사중심주의에 대해	유의어의 관점에 대해	어휘력과 청취력에 대해	말할 수 있게 된다면 좋겠다
20	진행의 애스펙트	01 '애스펙트'란 02 중국어의 애스펙트(동태 : 动态) 03 진행형	'正在…呢'의 다양성	부정은 '没有', 의문은 '吗'	과거·현재·미래 모두 쓸 수 있다
21	지속의 동태 표시	01 지속형	V + '着'	부정은 '没有'의 다양성	의문은 '吗'와 'V着没有'	과거·현재·미래 모두 사용한다 02 진행형과 지속형 : 어떻게 다른가?	동작의 종류와 모습	진행과 지속은 사이가 좋다
22	완료·실현의 동태	01 완료·실현형	V + '了'	부정은 '没有'	의문은 '吗' 형과 반복형	과거·현재·미래 모두 사용한다 02 또 하나의 '了' : 어기조사 03 문장을 끝내는 법 : 목적어를 가진 완료·실현형	수식이 없는 목적어	(수량사) 등 관형어 + 목적어	'我写了信'은 말이 이어짐
23	경험과 임박의 동태	01 경험형 : V + '过'	긍정	부정은 '没(有)'	의문 02 '过' : 종결의 '过₂了' 03 임박형 : '要…了'	'要…了'의 여러가지	의문은 '吗', 부정의 대답에는 '还没(…)呢'	「곧 ~하려 했을 때」
24	'得' 보어 : 정도보어와 양태보어	01 정도보어 02 양태보어	「달리는 것이 빠르다」	목적어가 있을 때	부정	의문	「기뻐서 뛸 듯하다」
25	V + 결과보어	01 2단 구성의 결과보어 02 결과보어가 되는 동사와 형용사 03 '了', '过', 목적어 04 부정은 '没(有)' 05 의문 06 동사와의 어깨동무
26	방향보어	01 V + 过 : 단순형 1류 02 V + V8 멤버 : 단순형 2류 03 V + V8 멤버 + 来/去 : 복합형 04 목적어의 위치	V +V8 멤버 '二'과 '两'	'来/去'가 붙은 것 05 부정
27	방향보어의 파생의	01 파생의란 02 잘 쓰이는 파생의

28	결과보어 · 방향보어의 가능형	01 사이에 끼어드는 '不'와 '得' 02 부정형을 많이 씀 03 긍정형이 쓰이는 경우 04 '能' '可以'와의 만남 ㅣ「~할 수 없다」ㅣ「~할 수 있다」 05 목적어의 위치 ㅣ 가능형의 뒤 ㅣ 방향보어의 복합형 06 가능형으로 잘 쓰이는 것들 07 写得清楚 : 비교해 보면
29	동량 · 시량 · 차량	01 수량은 동사 · 형용사 뒤에 02 동량(動量) ㅣ 동량사 ㅣ 목적어의 위치 ㅣ 부정은 '没有' 03 시량(時量) ㅣ 시량을 말하는 법 ㅣ 지속하는 시량 ㅣ 경과한 시량 04 차량(差量)
30	비교의 표현법	01 A跟B一样 : A와 B는 같다 ㅣ 비교되는 것 ㅣ 부정 ㅣ 의문 02 A有B那么/这么 : A는 B와 거의 같다 ㅣ 有 : ~에 달하고 있다 ㅣ 부정 ㅣ 의문 03 A比B… ㅣ「~보다 ~하다」ㅣ 차량(差量) ㅣ '更', '还' ㅣ 부정 ㅣ 의문 04 최상급
31	'把' 구문	01 把구문이란 ㅣ 把구문의 형태 ㅣ 把구문의 의미 ㅣ O는 특정, 동사에 는 결과의 모습 ㅣ 부정 ㅣ 의문의 형태 ㅣ 把구문의 특징 02 '자리 매김' '변신'의 把구문 ㅣ 把 + O + V在/到 + 장소 ㅣ 把 + O + V成 + 변신한 것 ㅣ 把 + O + V给 + 대상 03 여러가지 把구문
32	'被' 구문	01 피동의 표시 단어가 없는 피동문 : 의미상의 피동 02 피동 표시 단어가 있는 피동문 ㅣ 被 ㅣ 让, 叫, 给 ㅣ 被(为)…所… 03 把구문과 被구문
33	연동문(2)	01 연동문(2)의 형태 02 V1의 의미에 따른 분류 ㅣ 사역을 나타내 는 동사 ㅣ 호칭 · 인정을 나타내는 동사 ㅣ '有'를 사용하는 연동문
34	어기조사 · 반어문	01 어기조사 ㅣ 어기조사란 ㅣ 상용 어기조사 (1) ㅣ 상용 어기조사 (2) ㅣ '着呢'와 '来着' 02 반어문
35	복문 · 긴축문	01 단문과 복문 ㅣ 단문 ㅣ 복문 02 복문의 유형 ㅣ 형태상으로 보면 ㅣ 의미관계에서 보면 03 접속사 ㅣ 접속사 : 호응의 세 유형 ㅣ 편정유 형의 접속사 ㅣ 동일의문대명사의 호응 04 긴축문

머리말 · 3
일러두기 · 4
문법 내용 길라잡이 · 6

01	명사 · 수사 · 양사	012
02	시간 · 년월일 · 돈	015
03	지시대명사와 인칭대명사	019
04	수의 여러 가지	024
05	여러 가지 형용사와 구별사	028
06	형용사술어문	032
07	동사술어문	036
08	동사술어문 '是'	040
09	존재의 표현	045
10	연동문(1) – 중첩형	049
11	의문문(1)	054
12	의문문(2)	061
13	전치사(개사)	065
14	전치사 '是~的' 구문	069
15	상용되는 부사	073
16	문장성분의 정리	077

17	존재 · 출현 · 소실의 문장, 비주술문, 명령문	081
18	조동사(능원동사)	085
20	진행의 애스펙트	089
21	지속의 동태 표시	092
22	완료 · 실현의 동태	096
23	경험과 임박의 동태	100
24	'得' 보어 : 정도보어와 양태보어	106
25	V + 결과보어	110
26	방향보어	116
27	방향보어의 파생의	119
28	결과보어 · 방향보어의 가능형	122
29	동량 · 시량 · 차량	127
30	비교의 표현법	131
31	'把' 구문	135
32	'被' 구문	139
33	연동문(2)	143
34	어기조사 · 반어문	147
35	복문 · 긴축문	151

연습문제 해답_ 157

01 명사·수사·양사

1 (1)은 문구류, (2)는 가구입니다. 병음을 소리내어 읽고 익혀보세요.

(1)
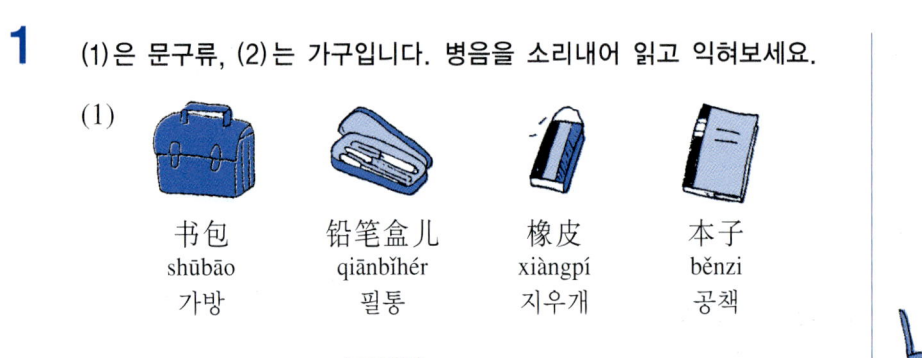

书包　　铅笔盒儿　　橡皮　　本子
shūbāo　qiānbǐhér　xiàngpí　běnzi
가방　　필통　　지우개　　공책

(2)

桌子　　书架　　床　　洗衣机
zhuōzi　shūjià　chuáng　xǐyījī
테이블　책장　침대　세탁기

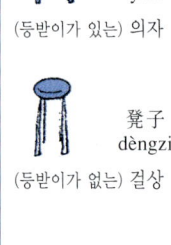

椅子
yǐzi
(등받이가 있는) 의자

凳子
dèngzi
(등받이가 없는) 걸상

2 다음 단어에 해당하는 병음과 뜻을 써보세요.

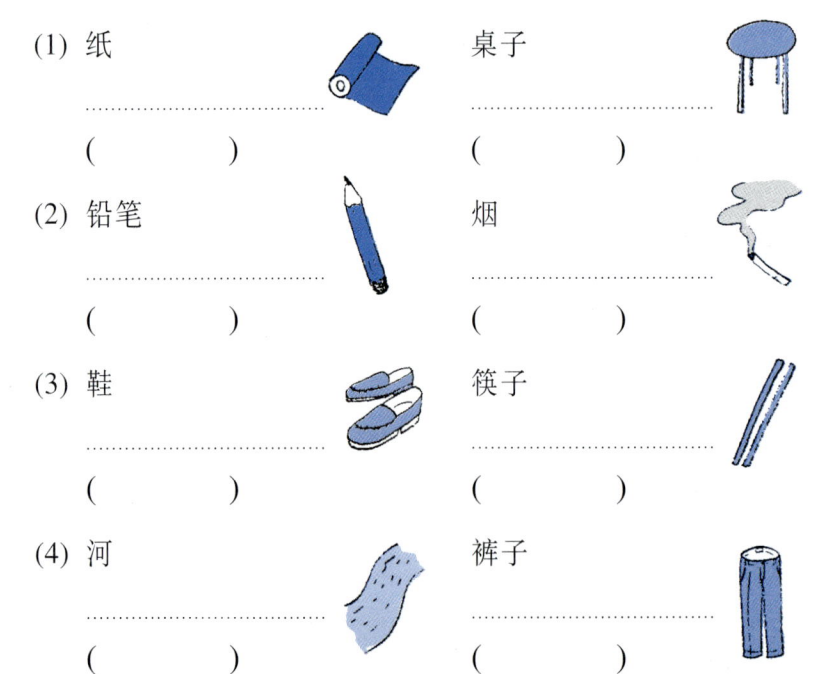

(1) 纸 ....　　桌子 ....
　　(　　　)　　　　　　　　(　　　)

(2) 铅笔 ....　　烟 ....
　　(　　　)　　　　　　　　(　　　)

(3) 鞋 ....　　筷子 ....
　　(　　　)　　　　　　　　(　　　)

(4) 河 ....　　裤子 ....
　　(　　　)　　　　　　　　(　　　)

명사·수사·양사 **01**

3 다음 보기에서 해당하는 양사를 찾아 써보세요.

> 보기 a 把 bǎ   b 条 tiáo   c 本 běn   d 双 shuāng
>   e 件 jiàn   f 支 zhī   g 张 zhāng   h 架 jià

(1) 纸 / 桌子 ....

(2) 铅笔 / 烟 ....

(3) 鞋 / 筷子 ....

(4) 河 / 裤子 ....

4 다음 한자의 병음을 써보세요.

(1) 几 个 苹果   사과 몇 개?
　　(　) ge píngguǒ

(2) 两 本 书   책 2권
　　(　) běn shū

(3) 三 把 椅子   의자 3개
　　(　) bǎ yǐzi

(4) 四 辆 汽车   차 4대
　　(　) liàng qìchē

13

명사 · 수사 · 양사 01

5 다음의 '一'에 해당하는 성조를 표시해보세요.

(1) 一 只 猫　　　　(2) 一 条 鱼
　　yi zhī māo　　　　yi tiáo yú

(3) 一 本 杂志　　　(4) 一 块 肉
　　yi běn zázhì　　　yi kuài ròu

(5) 一 月
　　yi yuè

(1) 猫 māo 고양이

6 다음 표의 빈칸을 채우세요.

	병음	한자	뜻
(1)	yì běn shū		책 1권
(2)		两 件 衣服	
(3)	sān shuāng kuàizi		
(4)		四 支 烟	
(5)			녹음기 5대
(6)	liù zhī māo		
(7)		七 张 桌子	
(8)			자동차 8대
(9)	jiǔ zuò lóu		

14

02 시간·년월일·돈

1 발음과 성조에 주의하면서 다음의 단어들을 읽어보세요.

(1) 11 (shíyī)　　12 (shí'èr)　　13 (shísān)

(2) 24 (èrshisì)　　25 (èrshiwǔ)　　26 (èrshiliù)

(3) 86 (bāshiliù)　　87 (bāshiqī)　　88 (bāshibā)

(4) 98 (jiǔshibā)　　99 (jiǔshijiǔ)　　100 (yìbǎi)

2 다음 병음에 해당하는 단어를 써보세요.

(1) jīntiān　　(2) míngtiān　　(3) hòutiān

(4) qùnián　　(5) jīnnián　　(6) míngnián

(7) shàngxīngqī　　(8) zhège xīngqī　　(9) xiàxīngqī

(10) zǎoshang　　(11) shàngwǔ　　(12) xiàwǔ

3 다음 문장의 병음은 중국어로, 중국어는 병음으로 고쳐보세요.

(1) 질문　Jīntiān jǐ yuè jǐ hào xīngqī jǐ?

➡ ....

대답　今天 六月 二十 号 星期六。

➡ ....

(2) 질문　Xiànzài jǐ diǎn?

➡ ....

nǐ 你 당신

대답　현재　下午　三　点。
→ ....

(3) 질문　Nǐ jīnnián shí jǐ suì?
→ ....

대답　今年　十七　岁。
→ ....

(4) 질문　Míngnián yī jiǔ jiǔ jǐ nián?
→ ....

대답　明年　一九九七　年。
→ ....

4　다음 보기에서 각 질문에 적당한 답을 고르세요.

보기			
	a Bā diǎn.	b Sìshí fēn zhōng.	c Èrshí kuài qián.
	d Qī suì.	e Sān ge xiǎoshí.	f Wǔ ge xīngqī.
	g Liǎng kuài yì jīn.	h Èrshíbā hào.	i Shíwǔ suì.
	j Sān tiān.	k Yī jiǔ jiǔ wǔ nián.	l Sì ge yuè.

(1) 几个小时？　☐　(2) 几天？　☐

(3) 几岁？　☐　(4) 多少钱？　☐

(5) 几块一斤？　☐　(6) 几个星期？　☐

(7) 十几岁？　☐　(8) 上午几点？　☐

(9) 今天二十几号？　☐　(10) 几个月？　☐

(11) 多少分钟？　☐　(12) 一九九几年？　☐

16

5 다음 그림을 보고 중국어로 시간을 표현해보세요.

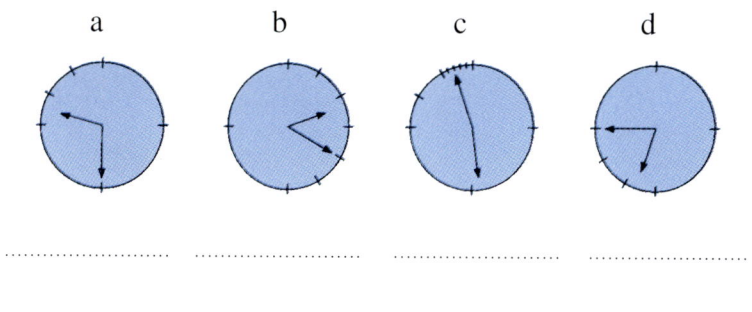

a   b   c   d

....

....

6 다음의 수를 ( ) 속의 단위로 환산하여 병음으로 써보세요.

(1) 一个小时   (分)

(2) 一天   (小时)

(3) 两个星期   (天)

(4) 一个月   (天)

(5) 一年   (个月)

7 다음의 단어를 시량(時量)을 나타내는 것과 시점을 나타내는 것으로 구분해보세요.

(1) 三天   (2) 三号

(3) 四点   (4) 四小时

(5) 两个星期   (6) 第二个星期

(7) 八个月   (8) 八月

(9) 第二年   (10) 两年

시간 · 년월일 · 돈 **02**

A. （时量） ....

B. （时点） ....

8 다음의 '一'에 알맞은 성조를 표시해보세요.

一月 yiyuè　　　一个月 yi ge yuè　　　一个星期 yi ge xīngqī

一号 yi hào　　　十一 shíyi　　　第一 dì yi

一点 yi diǎn

9 다음 문장을 명사술어문으로 작문해보세요.

(1) 지금 12시 5분 전입니다.

....

(1) 지금 现在 xiànzài

(2) 그는 베이징 사람입니다.

....

(2) 그 他 tā

(3) 올해는 1996년입니다.

....

(4) 그녀는 18세입니다.

....

(4) 그녀 她 tā

(5) 오늘은 7월 8일 월요일입니다.

....

(6) 이 옷은 45위안입니다.

....

03 지시대명사와 인칭대명사

1 다음 병음을 보고 '这zhè', '那nà', '哪nǎ'를 써서 중국어로 써보세요.

(1) 이 한 권의 책　　zhè (yì) běn shū　　.................................

(2) 이 한 개의 우산　zhè (yì) bǎ sǎn　　.................................

(3) 저 두개의 산　　 nà liǎng zuò shān　.................................

(4) 그 2벌의 옷　　　nà liǎng jiàn yīfu　.................................

(5) 어느 비행기　　　nǎ jià fēijī　　　　.................................

(6) 어떤 길　　　　　nǎ tiáo lù　　　　　.................................

2 다음 우리말을 참조하여 □에 알맞은 답을 써보세요.

(1) □ 本　中文书　　　　(2) □ 块　橡皮
　　　běn　Zhōngwénshū　　　　kuài xiàngpí
　어느 중국어 책　　　　　　지우개 몇 개

(3) 哪 □ 人　　　　　　(4) 这 □ 瓶　啤酒
　　nǎ　　　rén　　　　　　zhè　　　píng píjiǔ
　어떤 사람　　　　　　　　맥주 2병

(5) 那 □ 照片　　　　　(6) □ 日子
　　nà　　zhàopiàn　　　　　　　rìzi
　그 사진들　　　　　　　　며칠간

19

3 다음의 ( ) 안에는 중국어, [ ] 안에는 병음을 써서 표를 완성해보세요.

	단　수	복　수
제1인칭	(　) [wǒ]	我们 [　] (　) [zánmen]
제2인칭	你[nǐ]·(　) [　]	(　) [nǐmen]
제3인칭	(　)·她·(　) [tā]	他们·(　)·(　) [tāmen]
의문사		(　) [shéi·shuí]

4 다음 표의 빈칸을 채우세요.

	병 음	중국어	뜻
(1)	wǒ de běnzi		
(2)	tā de Yīngwén bào		
(3)		我们学校	
(4)		谁的毛衣	
(5)	tāmen de		
(6)	nǐ jiějie		
(7)	wǒmen xuéxiào de lǐngdǎo	领导	우리 학교의 간부
(8)	gēge hé dìdi		
(9)			어머니, 나와 여동생
(10)	sùshè (de) ménkǒu	宿舍(的)门口	

(1) běnzi 本子 공책

(2) bào 报 신문

03 지시대명사와 인칭대명사

5 '的'에 주의하여 의미를 써보세요.

(1) 北京的人口　　Běijīng de rénkǒu

→ _____

(2) 图书馆的书　　túshūguǎn de shū

→ _____

(3) 我爸爸的　　wǒ bàba de

→ _____

(4) 我们班的班长　　wǒmen bān de bānzhǎng

→ _____

(5) 天津的　　Tiānjīn de

→ _____

(6) 中国人民的美国朋友埃德加·斯诺
　　Zhōngguó rénmín de Měiguó péngyou Āidéjiā · Sīnuò

→ _____

※ '长'의 발음은 2개
- zhǎng 우두머리
校长 xiàozhǎng 교장
村长 cūnzhǎng 촌장
- cháng 길다
长江 Chángjiāng 장강(양자강)

(6) 埃德加·斯诺 (1905~1975) 에드가 스노우 《西行漫记》의 저자로 처음으로 중국의 홍군을 세계에 소개한 저널리스트

6 다음의 「대명사+명사」로 조합된 말 중에서 ( ) 안에 '的'를 필요로 하는 것은 A로, 생략할 수 있는 것은 B로 나누어보세요.

(1) 你（　　）橡皮 xiàngpí

(2) 你（　　）杂志 zázhì

(3) 我（　　）妈妈 māma

(4) 我们（　　）老师 lǎoshī

(5) 他（　　）家 jiā

(6) 你们（　　）学校 xuéxiào

21

(7) 他（　　）椅子 yǐzi

(8) 你们（　　）班 bān

(9) 她（　　）衣服 yīfu

(10) 你（　　）钥匙 yàoshi

(10) 钥匙 열쇠

7 다음 표의 빈칸을 채우고 (　) 안에 병음을 써보세요.

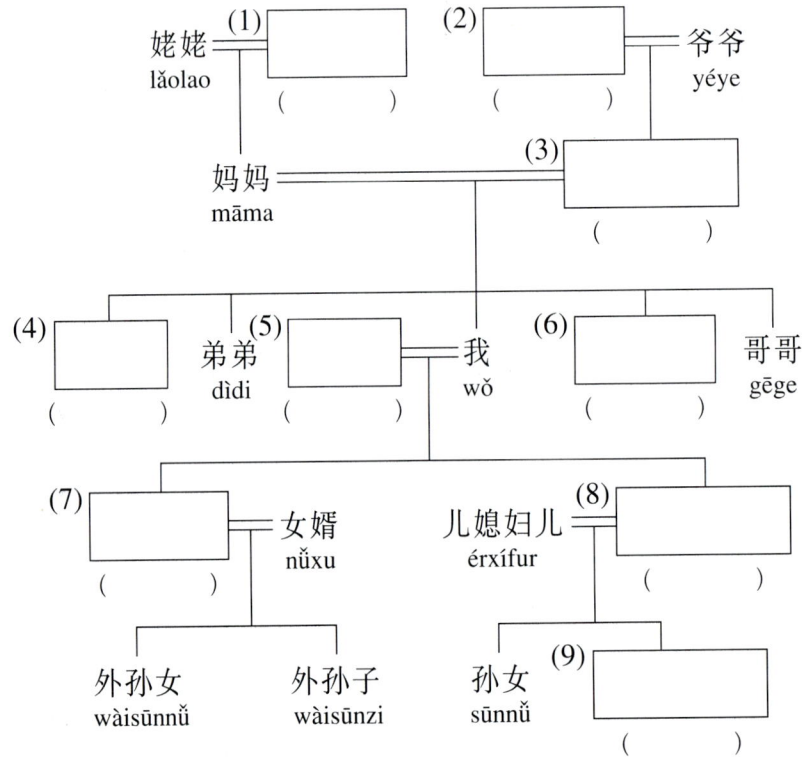

女婿 사위
儿媳妇儿 며느리

03 지시대명사와 인칭대명사

8 1, 2장에서 배운 것을 떠올리면서 다음 문장을 중국어로 고치세요.

(1) 나의 이 샤프펜슬   自动铅笔 zìdòng qiānbǐ 샤프펜슬

(2) 그의 이 그림   画儿 huàr 그림

(3) 우리의 이 3개의 문제   问题 wèntí 문제

(4) 선생님의 이 방   房间 fángjiān 방

(5) 우리 어머니의 저 두 벌의 치마   裙子 qúnzi 치마

(6) 학생의 저 2대의 녹음기   录音机 lùyīnjī 녹음기

(7) 내 고향의 그 2개의 산   家乡 jiāxiāng 고향

(8) 독일제의 저 2병의 맥주   德国产 Déguó chǎn 독일제

(9) 중국인 친구의 이 사전   词典 cídiǎn 사전

(10) 우리 회사의 그 운전기사   司机 sījī 운전기사

04 수의 여러 가지

1 다음 숫자를 소리내어 읽어보세요.

(1) 중국의 인구는 13억   13亿 shísān yì

(2) 중국의 면적은 960만㎢   960万平方公里
                                                jiǔ bǎi liùshí wàn píngfāng gōnglǐ

(3) 만리장성은 5000㎞   1万华里 yí wàn huálǐ (≒5000㎞)

2 '0'을 읽는 데 주의하면서 다음의 숫자 옆에 병음을 쓰고 소리내서 읽어 보세요.

(1) 350   ....

(2) 4900   ....

(3) 573000   ....

(4) 705400   ....

(5) 480个   ....

(6) 3200块钱   ....

(7) 7050   ....

(8) 10830   ....

(5,6) '个' '块'가 있는 것에 주의.

※ 숫자 사이의 '0'은 '零'으로 읽습니다.

(1) 804   ....

(2) 7005   ....

(3) 407200   ....

(4) 3000090   ....

수의 여러 가지 04

(5) 70503080　..

(6) 93000501　..

※ 다음의 병음을 숫자로 바꿔서 써보세요.

(1) bā qiān líng wǔshí　..

(2) bā qiān líng wǔ　..

(3) bā qiān wǔ　..

(4) bā wàn líng wǔ bǎi　..

(5) bā wàn líng wǔshí　..

(6) bā wàn líng wǔ　..

3 다음 숫자의 2를 '二'로 읽는 경우 (A)로, '两'으로 읽는 경우 (B)로 구분해보세요.

(1) 28　　　　　　　(2) 752

(3) $\frac{2}{5}$　　　　　　　(4) $\frac{1}{2}$

(5) 2只兔子 tùzi　　(6) 2年级

(7) 2个月　　　　　(8) 6排 pái 2号

(5) 兔子 tùzi 토끼

(8) 6排2号 6열 2번

(A) ....

(B) ....

4 다음 숫자를 소리내어 읽어보세요.

(1) 他住3楼485房间。(그는 3동 485호실에 살고 있다.)

(2) 中国1949年解放了。(중국은 1949년에 해방되었다.)

(3) 我的电话号码是2561145。(나의 전화번호는 2561145이다.)

(1) 住 zhù 살다
楼 lóu 동(棟)을 세는 양사
房间 fángjiān 방
(2) 解放了 jiěfàng le
(3) 电话号码 diànhuà hàomǎ 전화번호

(4) 0.75 (5) 40%
(6) 32.15 (7) $3\frac{5}{7}$

5 주어진 우리말에 맞는 표현을 골라 표시하세요.

(1) 1년 남짓 : ① 一年多 ☐ ② 一多年 ☐
(2) 10여 명 남짓 : ① 十个多人 ☐ ② 十多个人 ☐
(3) 10여 개월 남짓 : ① 十个多月 ☐ ② 十多个月 ☐
(4) 10개월과 수 일 : ① 十个多月 ☐ ② 十多个月 ☐
(5) 십 수 년 : ① 十年多 ☐ ② 十多年 ☐
(6) 십 년 수 개월 : ① 十年多 ☐ ② 十多年 ☐

※읽어보세요
2는 'èr'로,
2는 'liǎng'으로,
$\frac{2}{100}$
$\frac{2}{22}$
0.2
$\frac{1}{2}$
2
$2\frac{1}{2}$
12
22
$\begin{bmatrix} 222 \\ 222 \end{bmatrix}$
$\begin{bmatrix} 2222 \\ 2222 \\ 2222 \end{bmatrix}$
$\begin{bmatrix} 22222 \\ 22222 \\ 22222 \end{bmatrix}$
$\begin{bmatrix} 200万 \\ 200万 \end{bmatrix}$
$\begin{bmatrix} 2000万 \\ 2000万 \end{bmatrix}$
2个
第2

6 다음 예문을 중국어로 써보세요.

(1) 40세 정도의 선생님

....

(2) 수 십 권의 책

....

(3) 30여 병의 맥주

....

(4) 2~3시간

....

(5) 열 몇 살의 아이

....

(6) 사 오일 정도

....

수의 여러 가지 04

(7) 50여 명의 학생

....

(8) 2개월 남짓

....

(9) 그 몇 벌의 바지

....

(10) 20장 정도의 우표

....

05 여러 가지 형용사와 구별사

1 다음의 보기에서 성질형용사와 의미상 반대가 되는 것(반의어)을 찾아 써보세요.

> 보기 瘦 shòu   错 cuò   复杂 fùzá   容易 róngyì   慢 màn
>   高 gāo   闲 xián 脏 zāng   便宜 piányi

(1) 快 kuài (빠르다) 　　　(2) 对 duì (맞다)

(3) 矮 ǎi (작다) 　　　(4) 难 nán (어렵다)

(5) 忙 máng (바쁘다) 　　　(6) 胖 pàng (뚱뚱하다)

(7) 干净 gānjìng (깨끗하다) 　　　(8) 简单 jiǎndān (간단하다)

(9) 贵 guì (비싸다)

pàng　　shòu

2 다음 병음에 해당하는 중국어를 써보세요.

(1) yǒudiǎnr lěng

(2) hěn zǎo

(3) bǐjiào nán

(4) tài guì

(5) zuì hǎo

(6) hěn piàoliang

여러 가지 형용사와 구별사 **05**

(7) xiāngdāng cháng ....

(8) tèbié kuài ....

(9) zuì kě'ài ....

(10) fēicháng zhòngyào ....

3 다음 형용사를 성질형용사와 상태형용사로 각각 구분해보세요.

(1) 热闹 rènao (2) 胖乎乎 pànghūhū

(3) 清楚 qīngchu (4) 快 kuài

(5) 红红 hónghóng (6) 飞快 fēikuài

(7) 紧 jǐn (8) 高高兴兴 gāogaoxìngxìng

(9) 安静 ānjìng (10) 糊里糊涂 húlihútu

성질형용사 [   ]

상태형용사 [   ]

(1) '热闹'는 형용사와 동사 두 가지의 품사로 쓰일 수 있습니다.
형용사 : AABB형
热热闹闹
동사 : ABAB형
热闹热闹
(2) 胖乎乎 pànghūhū 귀엽게 통통한 모양 [주로 어린아이에게 씀]
(10) 糊里糊涂 húlihútu 흐리멍텅하다, 얼떨떨하다

4 다음을 중국어로 써보세요.

(1) 하얀 모자 ....

(2) 빨간 스웨터 ....

(3) 예쁜 손목시계 (手表 shǒubiǎo) ....

(4) 맛있는 중국요리 (菜 cài) ....

(5) 매우 큰 수박 (西瓜 xīguā) ....

(6) 가장 높은 건물 (楼 lóu) ....

(7) 푸르고 싱싱한 보리싹 (麦田 màitián) ....

(8) 새하얀 셔츠 (衬衫 chènshān) ....

(5) 好吃 hǎochī
맛있다

(7) 绿油油 lǜyōuyōu
푸르고 싱싱하다

5 다음의 관형어와 명사를 연결해보세요.

(1) 高高的 gāogāo de　　·　　　　·　眼睛 yǎnjing

(2) 红红的 hónghóng de　·　　　　·　鼻子 bízi

(3) 小小的 xiǎoxiǎo de　·　　　　·　脸 liǎn

(4) 大大的 dàdà de　　　·　　　　·　嘴 zuǐ

(5) 胖乎乎的 pànghūhū de　·　　·　孩子 háizi

6 다음 단어를 우리말에 맞게 나열해보세요.

(1) 나의 이 두 권의 새 사전
　　[这　新　我的　两本　词典]
　　..

词典 cídiǎn

(2) 나의 아버지의 그 낡은 세 개의 넥타이
　　[我　旧　领带 lǐngdài　爸爸的　三条　那]
　　..

(3) 우리 학교의 그 다섯 그루의 큰 사시나무
　　[学校的　高　五棵　我们　杨树 yángshù　那]
　　..

棵 kē 그루, 포기, 식물을 세는 양사

(4) 중국의 그 매우 유명한 대운하
　　[中国的　大运河 Dàyùnhé　那条　很有名的 hěn yǒumíng de]
　　..

(5) 우리 회사의 그 매우 중요한 업무
　　[工作　那些　公司的　非常　我们　重要的]
　　..

非常 fēicháng 정도를 나타내는 정도부사

여러 가지 형용사와 구별사 **05**

7 다음 구별사에 주의하면서 바른 표현에 체크해보세요.

(1) a 一个男学生 ☐　　b 一个男 ☐

(2) a 她是女。 ☐　　b 她是女的。 ☐

(3) a 很红的太阳 ☐　　b 很灰的天空 ☐

(4) a 这是正。 ☐　　b 这是正本。 ☐

(2) 是 shì ~입니다
(3) 太阳 tàiyáng 태양
'红 hóng'은 형용사,
'灰 huī'은 구별사
天空 tiānkōng 하늘
(4) 正本 zhèngběn
정본, 원본

06 형용사술어문

1 다음 병음에 맞는 중국어와 그 의미를 써보세요.

(1) hēidòngdòng de yèwǎn (夜晚)

....

(2) hěn hòu de mián dàyī (棉大衣)

....

(3) Yángshù (杨树) bǐzhíbǐzhí de.

....

(4) Běijīng de dōngtiān tèbié lěng.

....

春天 chūntiān 봄
夏天 xiàtiān 여름
秋天 qiūtiān 가을
冬天 dōngtiān 겨울

(4) 特别 tèbié 특히

2 다음 괄호에 제시된 의미로 문장을 바꾸어보세요.

(1) 这 条 街 很 宽。
　　Zhè tiáo jiē hěn kuān.

[넓지 않다] ....

(2) 那个 房间 很 黑。
　　Nàge fángjiān hěn hēi.

[매우 어둡지 않다] ....

(3) 她 的 衣服 好看 吗？
　　Tā de yīfu hǎokàn ma?

[예쁘다] ....

(3) 好看 hǎokàn 예쁘다

(4) 这些 问题 不 难。
　　Zhèxiē wèntí bù nán.

[어렵다] ....

(4) 难 nán 어렵다

(5) 那 篇 文章 比较 长。
　　Nà piān wénzhāng bǐjiào cháng.

[깁니까?] ....

(5) 篇 piān 편. 문장을 세는 양사

3 색글자 부분에 주의하여 다음 문장을 번역해보세요.

(1) 这本书厚，那本书薄。

(2) 这本书很厚。

(3) 这个问题难吗?

(4) 这个问题很难吗?

(5) 这个问题难不难?

(6) 这个问题不难。

(7) 这个问题不很难。

(8) 这个问题比较难。

(9) 这个问题怎么样?

4 다음 제시된 대답이 나올 수 있도록 의문문을 완성해보세요.

(1) 你们班的学生多☐? — 我们班的学生不多。

(2) 你妈妈身体☐☐☐? — 她很好。

(3) 你工作忙☐☐？— 我工作不忙。

(4) 这个好☐☐那个好？— 这个好。

(5) 这些苹果☐☐？— 这些苹果都很甜。

5 다음 주어진 우리말에 맞게 배열해보세요.

(1) 이 하얀 것이 가장 비싸다.
[贵　件　白　最　的　这]

....

(2) 이 사람의 온몸이 차갑다.
[全身　这个　冰凉冰凉的　人]

....

(3) 나의 이 코트는 매우 크다.
[这　太　我　件　的　大衣　大]

....

(4) 어제는 비교적 더웠는데, 오늘은 시원하다.
[比较　昨天　今天　凉快　热]

....

(5) 이 신발은 싸기도 하고 튼튼하다.
[鞋　又　又　这　便宜　双　结实]

....

(6) 그 사람들은 그다지 성실하지 않다.
[些　不　那　那么　人　认真]

....

6 주술술어문의 형태로 작문해보세요.

(1) 그 아가씨의 눈은 매우 크다.

....

(3) 工作 gōngzuò 일
忙 máng 바쁘다

(2) 全身 quánshēn
온몸
冰凉 bīngliáng 차갑다

(3) 大衣 dàyī 코트

(5) 便宜 piányi 싸다
结实 jiēshi 튼튼하다
又… 又… yòu… yòu…
…하기도 하고, …하기도 하다
예 又高又大
높고 크다
又矮又胖
작고 뚱뚱하다
又大又甜
크고 달다
(6) 认真 rènzhēn
성실하다

(1) 姑娘 gūniang
아가씨
眼睛 yǎnjing 눈

형용사술어문 **06**

(2) 그 라디오는 소리가 분명합니까?

....

(3) 우리 학교의 왕 선생님은 키가 매우 크다.

....

(4) 그 학교 유학생은 많지 않다.

....

(5) 나는 이가 아프지 않고 머리가 조금 아프다.

....

(6) 그의 체중은 65kg이고, 키는 1미터 75cm이다.

....

(2) 收音机 shōuyīnjī 녹음기
声音 shēngyīn 소리
清楚 qīngchu 분명하다

(4) 那所学校 nà suǒ xuéxiào 그 학교
留学生 liúxuéshēng 유학생

(5) 头 tóu 머리

(6) 体重 tǐzhòng 체중
身高 shēngāo 신장

7 다음 문장의 잘못된 부분을 찾아 이유를 설명해보세요.

(1) 事情很明明白白的。
Shìqing hěn míngmingbáibái de.

....

(2) 这间屋子的墙不雪白雪白。
Zhè jiān wūzi de qiáng bù xuěbáixuěbái.

....

(3) 他们都认真不认真？
Tāmen dōu rènzhēn burènzhēn?

....

(4) 这件衣服样式大大方方吗？
Zhè jiàn yīfu yàngshì dàdafāngfāng ma?

....

(5) 这双皮鞋也舒服不舒服？
Zhè shuāng píxié yě shūfu bushūfu?

....

(1) 事情 shìqing 사건, 일, 업무

(2) 墙 qiáng 벽

(4) 样式 yàngshi 모양, 형식
大方 dàfāng 대범하다

(5) 皮鞋 píxié 구두
舒服 shūfu 편하다

07 동사술어문

1 다음 동사에 주의하여 각 구문의 의미를 말해보세요.

(1) 写 论文 xiě lùnwén ....
    画 连环画 huà liánhuánhuà ....

(2) 坐 公共汽车 zuò gōnggòngqìchē ....
    骑 自行车 qí zìxíngchē ....

(3) 弹 钢琴 tán gāngqín ....
    拉 小提琴 lā xiǎotíqín ....

(4) 踢 足球 tī zúqiú ....
    打 排球 dǎ páiqiú ....

(5) 看 书 kàn shū ....
    看 电视 kàn diànshì ....

(6) 吃 面包 chī miànbāo ....
    吃 药 chī yào ....

같은 '타다' 라도

坐　　骑
zuò　　qí

같은 '하다' 라도

踢　　打
tī　　dǎ

2 자주 사용되는 동사와 목적어의 조합입니다. 중국어와 그 뜻을 써보세요.

	중국어	뜻
(1) mǎi dōngxi	[　　]	....
(2) kàn diànshì	[　　]	....
(3) zuò cài	[　　]	....
(4) chī fàn	[　　]	....
(5) huà huàr	[　　]	....
(6) xiě xìn	[　　]	....
(7) jiāo dìdi Hànyǔ	[　　]	....
(8) wèn lǎoshī wèntí	[　　]	....
(9) huán tóngxué qiānbǐ	[　　]	....

(9) huán 还 돌려주다
hái 还 (부)아직도, 여전히

36

동사술어문 **07**

(10) gěi péngyou lǐwù　　[　　]　　..................................

(11) kāishǐ shàngkè　　　[　　]　　..................................

(12) xiǎng qù lǚxíng　　　[　　]　　..................................　(12) lǚxíng 旅行 여행하다

(13) xǐhuan dǎ qiú　　　[　　]　　..................................

(14) tóngyì tā qù　　　　[　　]　　..................................

(15) huí jiā　　　　　　[　　]　　..................................

(16) chū guó　　　　　　[　　]　　..................................

(17) qù Chángchéng　　　[　　]　　..................................　(17) Chángchéng 만리장성

(18) jìn wūzi　　　　　　[　　]　　..................................

(19) xiūxi yíhuìr　　　　[　　]　　..................................

(20) bìng le sān tiān　　　[　　]　　..................................

3 '他 tā' '面包 miànbāo' '吃 chī'를 사용하여 다음 문장을 작문해보세요.

(1) 그는 빵을 먹습니다.
　　..................................

(2) 그는 빵을 먹지 않습니다.
　　..................................

(3) 그는 빵을 먹습니까?
　　..................................

(4) 누가 빵을 먹습니까?　　　　　　　　　　　　　　　　　　(4,5) 의문조사 '吗'는 필요없습니다.
　　..................................

(5) 무엇을 먹습니까?
　　..................................

37

4 다음 보기에서 적당한 단어를 찾아 문장을 완성하세요.

> 보기   打 dǎ   休息 xiūxi   穿 chuān   老师 lǎoshī
>   踢 tī   预习 yùxí   喝 hē   脱 tuō   旧课 jiùkè

(1) 他们 每天 晚上 复习 ☐, ☐新课。

(2) 他 ☐了 外衣, ☐毛衣。

(3) ☐喝 绿茶, 我们 ☐牛奶。

(4) 每天 下午 他们 ☐足球, 我们 ☐网球。

(5) 我们 ☐, 他们 也 ☐。

穿 chuān 입다
脱 tuō 벗다

(2) '了 le'는 동사 뒤에 쓰여 동작의 완료를 나타낸다.
(3) 绿茶 lǜchá 녹차
牛奶 niúnǎi 우유
(4) 网球 wǎngqiú 테니스

5 부사의 위치에 주의하여 주어진 단어를 배열해보세요.

(1) 우리들은 모두 상점에 간다.
　　[都　去　我们　商店]
　　...

(2) 그녀의 남자친구는 담배를 피지 않는다.
　　[的　吸 xī　男朋友　烟 yān　也　她　不]
　　...

(3) 그들은 열렬히 우리들을 환영해주었다.
　　[我们　热烈地　他们　欢迎]
　　...

(4) 우리들은 자주 축구를 한다.
　　[常常　踢　足球　我们]
　　...

(5) 그녀는 도서관에서 화보를 본다.
　　[画报 huàbào　看　她　在图书馆 zài túshūguǎn]
　　...

(2) '담배를 피우다'는 '吸烟 xīyān', '抽烟 chōuyān' 이라고도 한다.

(2) 在 zài ~에서

6 □안에 적당한 말을 넣어 의문문을 완성하고 해석해보세요.

(1) 他们　每天　晚上　看　□　节目？

　　...

(2) 您　的　名字　□　念？

　　...

(3) 你　喝　红茶　□　喝　咖啡？

　　...

(4) 今天　的　比赛　□　去　看？

　　...

(1) 节目 jiémù 프로그램

(2) 名字 míngzi 이름

(3) 红茶 hóngchá 홍차
咖啡 kāfēi 커피

(4) 比赛 bǐsài 경기
去看 qù kàn 보러 가다

7 다음 문장을 우리말로 해석해보세요.

(1) 我们下午在屋里看电视。

　　...

(2) 她有一对很好看的花瓶。

　　...

(3) 我喜欢跳舞。

　　...

(4) 我告诉他们两个人那个好消息。

　　...

(5) 我们的飞机明天上午八点起飞。

　　...

(1) 电视 diànshì 텔레비전

(2) 花瓶 huāpíng 화병

(3) 跳舞 tiào wǔ 춤을 추다

(4) 好消息 hǎo xiāoxi 좋은 소식

(5) 起飞 qǐfēi 이륙하다

08 동사술어문 '是'

1 주어진 의미에 맞도록 알맞은 단어를 ( ) 안에 넣으세요.

(1) 这是你的车（　　）?
　　이것은 당신의 차입니까?

(2) 他（　　）工人，（　　）农民。
　　그는 노동자도, 농민도 아닙니다.

(3) 这把椅子是（　　）你爸爸的？
　　이 의자는 당신의 아버지 것입니까?

(4) 这些邮票（　　）是我的, 是妹妹的。
　　이 우표는 모두 내것이 아니라, 여동생 것입니다.

(5) 那些学生（　　）是清华大学生吗？
　　저 학생들도 모두 칭화 대학 학생입니까?

(2) 工人 gōngrén 노동자
农民 nóngmín 농민

(4) 邮票 yóupiào 우표

(5) 清华 Qīnghuá 칭화 대학
부사 '也 역시' '都 모두' 가 한 문장에 쓰일 경우 '也' 가 앞에 놓입니다.

2 다음 병음을 소리내어 읽고, 중국어로 문장을 써보세요.

(1) Tāmen bù dōu shì lǎoshī.
　　..

(2) Zhèxiē dōu shì Zhōngwén shū.
　　..

(3) Nà shì nǐ de shūbāo.
　　..

(4) Zhè yě shì tā de yīfu.
　　..

(5) Nà jiàn yīfu shì māma de.
　　..

동사술어문 '是' **08**

(6) Wǒ de shì hóng de, tā de shì bái de.

....

(7) Dà de shì mèimei de, xiǎo de shì dìdi de.

....

3 다음 문장의 알맞은 위치에 '是'를 넣으세요.

(1) 这支铅笔五块钱。

....

(2) 他的家在广州。

....

(2) 在 zài ~에서
广州 Guǎngzhōu
(도시명)광저우

(3) 小张今天特别高兴。

....

(4) 铃木去过中国。

....

(4) 去过 qùguo
가본 적이 있다
(과거의 경험)

(5) 这个问题已经解决了。

....

(5) 已经…了
yǐjing…le
이미 ~했다

(6) 我有点儿不舒服。

....

(6) 有点儿 yǒudiǎnr
조금, 약간

4 다음 보기와 같이 '的(~의 것)'를 이용하여, 양사에 주의하여 문장을 완성하세요.

> 보기 这是我的自行车。→ 这辆自行车是他的。

(1) 这是我的铅笔。→ ....

(2) 那是他的狗。→ ....   (2) 狗 gǒu 개

(3) 这是我们老师的地图。→ ....

(4) 那是他的毛衣。→ ....

(5) 那是爸爸的书包。→ ....

5 의문사에 주의하여 작문해보세요.

(1) 당신은 어느 분을 찾아오셨습니까?   (1) 找 zhǎo 찾다

....

(2) 이것은 누구의 노트입니까?   (2) 本子 běnzi 노트

....

(3) 당신은 어떤 일을 하십니까?

....

(4) 누가 새로 온 학생입니까?   (4) 新来的 xīn lái de 새로 오다

....

(5) 이것은 무슨 이유입니까?   (5) 原因 yuányīn 원인

....

(6) 그의 집에는 어떤 사람이 있습니까?

....

6   다음 보기와 같이 주어진 단어를 이용하여 표현해보세요.

> 보기   听 tīng, 音乐 yīnyuè
> 듣고 있는 음악   [听的音乐]
> 샤오 리가 듣고 있는 음악   [小李听的音乐]
> 샤오 리가 듣고 있는 것   [小李听的]

小李 Xiǎo Lǐ 샤오 리

(1) 穿 chuān, 衣服 yīfu
　　입고 있는 옷　　　　　　[　　　　　]
　　라오 장이 입고 있는 옷　[　　　　　]
　　라오 장이 입고 있는 것　[　　　　　]

(1) 老张 lǎo Zhāng 라오 장

(2) 唱 chàng, 歌儿 gēr
　　부르고 있는 노래　　　　　　[　　　　　]
　　남동생이 부르고 있는 노래　[　　　　　]
　　남동생이 불렀던 것　　　　　[　　　　　]

(3) 写 xiě, 字 zì
　　쓰고 있는 글자　　　　　[　　　　　]
　　왕 원(王文)이 쓴 글자　[　　　　　]
　　왕 원(王文)이 쓴 것　　[　　　　　]

(4) 买 mǎi, 票 piào
　　산 표　　　　　[　　　　　]
　　누가 산 표　　[　　　　　]
　　누가 산 것　　[　　　　　]

(5) 做 zuò, 菜 cài
　　만든 요리　　　　　[　　　　　]
　　엄마가 만든 요리　[　　　　　]
　　엄마가 만든 것　　[　　　　　]

동사술어문 '是' **08**

(6) 修理 xiūlǐ, 手表 shǒubiǎo
  수리한 손목시계　　　　[　　　　　]
  샤오 왕이 수리한 손목시계　[　　　　　]
  샤오 왕이 수리한 것　　　[　　　　　]

7 다음 보기와 같이 주술술어문의 대주어에는 ＿＿로, 소주어에는 ＿＿로 표시하고, 문장의 의미를 번역해보세요. 또 (3)(4)(5) 번은 중국어로 번역해보세요.

> 보기　这件事我也知道。→ 그 일은 나도 알고 있다.

这件事 zhè jiàn shì
이 일

(1) 妈妈 做 的 菜 我们 都 喜欢 吃。

　　…………………………………………………………

(1) 喜欢吃 xǐhuān chī
먹는 것을 좋아하다

(2) 他 说 的 话 我 不 相信。

　　…………………………………………………………

(2) 相信 xiāngxìn
믿다

(3) 이 색의 스커트는 나도 가지고 있습니다.

　　…………………………………………………………

(3) 这种颜色 zhè zhǒng yánsè
이 종류의 색상
裙子 qúnzi 스커트

(4) 내일 시합에는 당신들 모두 참가합니까?

　　…………………………………………………………

(4) 比赛 bǐsài 시합
参加 cānjiā 참가하다

(5) 그 아이가 먹은 만두를 너도 먹을 거니?

　　…………………………………………………………

(5) 那个小孩儿 nà ge xiǎoháir
그 아이
包子 bāozi 만두

09 존재의 표현

1 동사의 '有'는 '존재'와 '소유'의 의미를 나타냅니다. 다음의 예는 어떤 의미로 사용되고 있습니까?

(1) 这儿有一只猫。(　　)

(2) 我们学校前边有一条公路。(　　)

(3) 我弟弟有一个儿子。(　　)

(4) 他们都有这种鞋。(　　)

(2) 公路 gōnglù 도로

2 다음의 단어들을 A. 장소성을 지닌 고유명사, B. 장소성을 포함하고 있는 것('里' '上'이 생략 가능한 것), C. 장소성이 없는 것으로 구분해보세요.

(1) 韩国　　(2) 北京　　(3) 学校

(4) 街　　(5) 路　　(6) 食堂

(7) 礼堂　　(8) 邮局　　(9) 房子

(10) 屋子　　(11) 桌子　　(12) 教室

(13) 黑板　　(14) 操场　　(15) 图书馆

A ....

B ....

C ....

3 '존재'를 나타내는 '有'와 '在'를 사용한 대부분의 문장은 서로 바꾸어 쓸 수 있습니다. 주어진 문장을 서로 바꾸어보고 바꾸어 쓸 수 없는 것은 그 이유를 설명해보세요.

(1) 桌子上有钢笔。

....

(1) 钢笔 gāngbǐ 볼펜

(2) 床上有一条裙子。
　　　………………………………………………………………

(3) 食堂在楼下。　　　　　　　　　　　　　　　　　　　　　(3) 楼下 lóuxià
　　　………………………………………………………………　아래층, 1층

(4) 这个时间他在飞机上。
　　　………………………………………………………………

(5) 我的草帽在书架上。
　　　………………………………………………………………

4　다음 문장은 모두 틀린 곳이 있습니다. 이유를 설명하고 바르게 고치세요.

(1) 北京里有地铁。　…………………………………………　(1) 地铁 dìtiě 지하철

(2) 书包有桌子上。　…………………………………………

(3) 地板上在一双鞋。　………………………………………　(3) 地板 dìbǎn 마루, 바닥

(4) 墙上有我的照片。　………………………………………

(5) 书包有和词典。　…………………………………………

5　다음 문장의 ( ) 안에 '是' 또는 '有'를 넣으세요.

(1) 老师的书架上(　　) 很多书, 上边(　　　) 中文书,　(1) 外文 wàiwén
　　下边(　　) 外文书。　　　　　　　　　　　　　　　　　외국어

(2) 墙上(　　) 两张画, 一张(　　　) 国画, 一张(　　　) 油画。　(2) 国画 guóhuà
　　　　　　　　　　　　　　　　　　　　　　　　　　　　　중국화
　　　　　　　　　　　　　　　　　　　　　　　　　　　　　油画 yóuhuà 유화

(3) 北京大学东边(　　　) 清华大学。

(4) 我(　　　) 一条红裙子, 那条绿裙子不(　　　) 我的。

(5) 我们班(　　　) 十五个学生。

존재의 표현 **09**

6 다음 문장을 중국어로 번역하세요.

(1) 앞쪽 건물은 모두 학생 기숙사입니다.
   ....

(1) 学生宿舍
xuéshēng sùshè
학생 기숙사

(2) 앞이 바로 우체국입니다.
   ....

(3) 도서관 옆에 운동장이 있습니다.
   ....

(3) 旁边 pángbiān 옆

(4) 우리는 내일 저녁에 王 씨 집에 있을 것입니다.
   ....

7 다음 그림을 보고 주어진 우리말을 중국어로 써보세요.

(1) 왕푸징 거리의 동쪽에는 많은 상점이 있습니다.
   ....

(1) 王府井大街
Wángfǔjǐng dàjiē
왕푸징 거리
麦当劳
Màidāngláo
맥도날드
新华书店
Xīnhuá shūdiàn
신화서점
东安市场
Dōng'ān shìchǎng
동안 시장

(2) 베이징 호텔, 백화점은 왕푸징 거리의 서쪽에 있습니다.
   ....

(3) 신화서점의 옆은 바로 맥도날드입니다.
   ....

(2) 北京饭店
Běijīng fàndiàn
베이징 호텔
百货大楼
Bǎihuò dàlóu
백화점

(4) 맥도날드의 북쪽에는 서점이 하나 있습니다.
   ....

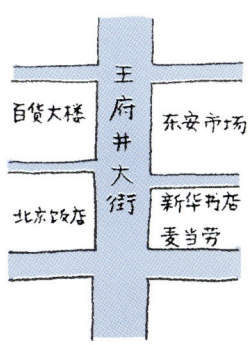

47

8 밑줄친 부분에 주의하여 다음 문장을 번역하세요.

(1) 我们图书馆在这座楼的<u>后边</u>。

(2) 风很大，<u>街上</u>行人很少。

(3) 她的房间，<u>墙上</u>贴着很多男朋友的照片。

(4) 今天晚上，她在中国留学生<u>那儿</u>。

(2) 风 fēng 바람
行人 xíngrén 행인

(3) 贴着 tiēzhe
붙어 있다

10 연동문(1) – 중첩형

1 다음을 우리말로 번역해보세요.

(1) Tāmen yě qù kàn diànyǐng.
....

(2) Wǒ bú qù mǎi dōngxi.
....

(3) Wǒ dìdi qí zìxíngchē qù xuéxiào.
....

(4) Wǒmen dōu xǐ shǒu chīfàn.
....

(5) Nǐ gēge zuò gōnggòng qìchē qù chēzhàn jiē péngyou ma?
....

2 문제1의 병음을 중국어로 바꿔보세요.

(1) ....

(2) ....

(3) ....

(4) ....

(5) ....

---

(1) qù를 '쿠'라고 발음하면 틀립니다. 'j, q, x, y' 뒤에 오는 'u'는 사실은 'ü'입니다. 그렇다면 qù의 발음은?
'ü'는 'n, l' 자음 뒤에서는
女人 nǚ+rén
(↔努力 nǔlì)
旅行 lǚxíng
(↔路线 lùxiàn)과 같이 'ü' 그대로 표기합니다. ( ) 속의 단어와 같이 비슷한 'nu'나 'lu'가 있으니까요.

3 다음 보기에서 적당한 동사구를 찾아 문장의 빈칸에 중국어로 써넣으세요.

> 보기 qù jīchǎng   sòng péngyou   dǎ diànhuà
>   bāngzhù wǒ   qù Shànghǎi

(1) 哥哥 去 车站 _____。

(2) 姐姐 坐 火车 _____。

(3) 他也 _____ 接 朋友 吗？

(4) 你 _____ 告诉 他们 吧。

(5) 他们 都 来 _____。

(4) 告诉 gàoxu 말하다

4 다음 동사 중첩형의 병음을 쓰고 그 뜻을 써보세요.

(1) 坐坐　　　　[　　　　]　　_____

(2) 想想　　　　[　　　　]　　_____

(3) 介绍介绍　　[　　　　]　　_____

(4) 尝尝　　　　[　　　　]　　_____

(5) 休息休息　　[　　　　]　　_____

5 다음 동사 가운데 중첩형이 가능한 동사는 중첩형을 쓰고, 불가능한 동사는 어떤 것인지 표시해보세요.

(1) 看 ....   (2) 有 ....   (3) 笑 ....

(4) 是 ....   (5) 丢 ....   (6) 像 ....

(7) 学习 .... (8) 研究 .... (9) 参观 ....

(10) 呕吐 ....

(5) 丢 diū 잃어버리다
(6) 像 xiàng ~와 같다
(10) 呕吐 ǒutù 구토하다

연동문(1) - 중첩형 **10**

6 밑줄 부분에 주의하여 해석해보세요.

(1) 李先生笑着点了点头。

(2) 我去问问他去不去长城。

(3) 这个菜不错，你尝一尝。

(4) 那件事，我们开会讨论讨论吧！

(5) 我们休息休息吧。

(1) 笑着 xiàozhe 웃고 있다

(4) 讨论 tǎolùn 토론하다

7 동사의 중첩형과 유사한 표현이 있습니다. 번역해보세요.

(1) 请等一下，我去打电话。

(2) 你考虑一下，参加还是不参加？

(3) 她哭了一会儿。

(4) 我们休息一会儿吧。

(2) 考虑 kǎolù 고려하다
参加 cānjiā 참가하다

8 다음 보기와 같이 형용사를 중첩형으로 만든 후에, 주어진 우리말을 중국어로 써보세요.

> 보기　大　부리부리한 눈　　大大的眼睛

(1) 高　훌쩍 큰 키

　　..

(2) 红　새빨간 태양

　　..

(3) 长　긴 머리

　　..

(4) 痛快 tòngkuai　매우 유쾌하게 놀다

　　..

(5) 笔直 bǐzhí　곧게 쭉 뻗은 도로

　　..

※성질형용사
단음절일 때 AA
이음절일 때 AABB
※상태형용사
AB → ABAB

9 문장 속의 밑줄 친 부분에 주의하여 번역해보세요.

(1) 代表们和大家<u>一一</u>握手。

　　..

(2) 他们班<u>人人</u>都很努力。

　　..

(3) <u>条条</u>道路通北京。

　　..

(3) 通 tōng
통하다, 관통하다

(4) 他<u>天天</u>做早操。

　　..

연동문(1) - 중첩형 **10**

(5) 他家顿顿吃米饭。

(6) 院子里堆着一堆一堆的柴火。

(6) 堆着 duīzhe
쌓여 있다
柴火 cháihuo 장작

(7) 一次次的失败，并没有吓倒他。

(7,8) 一次(一)次,
一 天(一)天

(8) 天气一天天得暖和起来了。

(8) 暖和 nuǎnhuo
따뜻하다
起来 qǐlai 일어나다,
~하기 시작하다

10 다음 병음으로 표시된 부사를 중국어로 고치고, 문장의 뜻을 써보세요.

(1) 小刘 wǎngwǎng 一个人上街。

(2) 这儿的生活我 jiànjiàn 习惯了。

(3) 他 gānggāng 走了。

(4) 他 chángcháng 来这儿聊天儿。

(4) 聊天儿 liáotiānr
잡담을 하다

11 의문문(1)

1 다음 문장을 '吗'를 사용하여 중국어로 써보세요.

(1) 그는 신화사의 기자입니까?

....

(1) 新华社 Xīnhuáshè 신화사
记者 jìzhě 기자

(2) 당신은 이 회사의 사장입니까?

....

(2) 总经理 zǒngjīnglǐ 대표이사

(3) 당신은 오늘 오후에 아직 수업이 있습니까?

....

(4) 베이징에는 많은 명승고적이 있습니까?

....

(4) 名胜古迹 míngshèng gǔjì 명승고적

2 의문대명사 '谁'의 위치에 주의하여 다음을 중국어로 써보세요.

(1) 그는 누구입니까?

....

(2) 당신은 누구를 찾아오셨습니까?

....

(3) 이것은 누구의 노트입니까?

....

(4) 누가 당신들의 선생님입니까?

....

(5) 누구의 방이 제일 깨끗합니까?

....

3 의문대명사 '什么'의 위치에 주의하여 다음을 중국어로 써보세요.

(1) 이것은 무엇입니까?

　...

(2) 당신은 무엇을 마십니까?

　...

(3) 무엇이 당신의 이상입니까?

　...

(4) 저것은 무슨 책입니까?

　...

(5) 무슨 일이십니까?

　...

4 ( ) 안의 단어를 사용하여 의문문에 대답해보세요.

(1) 他在哪儿工作？(베이징에서)

　...

(2) 爸爸, 您要喝什么茶？(커피를)

　...

(3) 请问, 飞机什么时候起飞？(오후 2시에)

　...

(4) 这是哪个班的教室？(우리들의)

　...

(5) 你的外国朋友是哪国人？(영국인)

　...

(6) 哪个人是他的爱人？(저 사람)

　　　..

(7) 王老师教你们什么？(컴퓨터를)

　　　..

(8) 你哪儿不舒服？(두통이)

　　　..

(9) 你的汉语词典在哪儿？(책꽂이에서)

　　　..

(10) 哪儿卖信封？(우체국에서)

　　　..

(7) 컴퓨터 관련 용어
电脑 diànnǎo 컴퓨터
软件 ruǎnjiàn 소프트웨어
硬件 yìngjiàn 하드웨어
显示器 xiǎnshìqì 모니터
键盘 jiànpán 자판
软磁盘 ruǎncípán 플로피디스켓
因特网 yīntèwǎng 인터넷
黑客 hēikè 해커
病毒 bìngdú 바이러스

5　다음 문장의 밑줄 부분이 대답이 될 수 있도록, 의문문을 만드세요.

(1) <u>我姐姐</u>做的麻婆豆腐最好吃。

　　　..

(2) <u>他</u>买的牛仔裤最便宜。

　　　..

(3) 我有<u>中文</u>画报。

　　　..

(4) 他是<u>美国</u>人。

　　　..

(5) 他喜欢看<u>这本</u>小说。

　　　..

(6) <u>第二十课</u>的生词最多。

　　　..

(1) 麻婆豆腐 mápó dòufu (음식명)마파두부

(2) 牛仔裤 niúzǎikù 청바지

의문문(1) **11**

(7) 我的衣服在门后边的柜子里。

....

(8) 他们都是从上海来的客人。

....

(9) 北京秋天的天气最好。

....

(10) 妹妹两年以后毕业。

....

(10) 毕业 bìyè 졸업하다

6 '什么'를 이용하여 작문해보세요.

(1) 어떤 술을 마십니까?

....

(2) 어떤 책을 읽습니까?

....

(3) 어떤 프로그램을 봅니까?

....

(4) 어떤 음악을 듣습니까?

....

(5) 어떤 노래를 부릅니까?

....

(6) 어떤 옷을 입습니까?

....

7 의문대명사 '怎么'에는 방식과 원인을 묻는 두 가지 용법이 있습니다. 각 문장을 구분해보세요.

(1) a 这个菜怎么吃？　　　　　　　（　）
　　 b 这个菜怎么你一个人吃？　　　（　）

(2) a 你怎么来学校的？　　　　　　（　）
　　 b 你怎么不来学校？　　　　　　（　）

(3) a 生词，你怎么查词典？　　　　（　）
　　 b 生词，你怎么不查词典？　　　（　）

你怎么来学校的？
— 我坐汽车来的。

8 주어진 단어를 이용하여 다음의 표현을 연습하세요.

(1) 今天天气怎么样？
　　今天天气_____。

　　[很好 hěn hǎo　　不好 bù hǎo　　很热 hěn rè　　很冷 hěn lěng]

(2) 你最近身体怎么样？
　　我最近身体_____。

　　[很好 hěn hǎo　　不太好 bú tài hǎo　　还好 hái hǎo
　　还是老样子 háishi lǎo yàngzi]

(2) 还好 (그런대로)
괜찮다
还是老样子
여전히 그대로이다

(3) 你看怎么样？
　　我看_____。

　　[挺好 tǐng hǎo　　还可以 hái kěyǐ　　不怎么样 bù zěnmeyàng
　　不错 búcuò]

(3) 看 보다
挺好 아주 좋다
还可以 그냥 그렇다
不怎么样 그저 그렇다
不错 좋다

(4) 阿里学习怎么样？
　　阿里学习_____。

　　[很好 hěn hǎo　　很认真 hěn rènzhēn　　不太用功 bú tài yònggōng
　　很努力 hěn nǔlì]

(4) 阿里 Ālǐ (인명)
认真 rènzhēn
성실하다
不太用功 그다지 열
심히 공부하지 않는다

11 의문문(1)

9 주어진 의미에 맞도록 의문대명사를 ( ) 안에 넣으세요.

(1) 明天下午（　　　）？ 有时间吗？
내일 오후는 어떻습니까? 시간이 있습니까?

(2) 今天（　　　）这么晚才回来？
오늘은 왜 이렇게 늦게 돌아왔습니까?

(2) 才 cái 비로소

(3) 这次出差到（　　　）去？
이번 출장은 어디로 가십니까?

(3) 次 cì 회
出差到…去
chūchāi dào…qù
…로 출장가다

(4) 他是（　　　）科的医生？
그는 무슨 과 의사입니까?

(5) 这个问题该（　　　）解决？
이 문제는 어떻게 해결해야 합니까?

(5) 该 gāi …해야 한다
解决 jiějué 해결하다

(6) 你（　　　）这么高兴？
당신은 왜 이렇게 기분이 좋습니까?

(7) 这个意思, 中文（　　　）说？
이 의미는 중국어로 어떻게 말합니까?

(8) 出租汽车在（　　　）？
택시는 어디에 있습니까?

(8) 出租汽车
chūzū qìchē 택시

(9) 参观的事（　　　）了, 都安排好了吗？
견학 건은 어떻게 되었습니까, 준비는 다 했습니까?

(9) 参观 cānguān
참관하다
都 dōu 모두
安排 ānpái 안배하다

(10) 有（　　　）事儿吗？
무슨 일이 있습니까?

10 다음 보기에서 각 질문에 적당한 답을 고르세요.

보기	a 先看部首然后数笔画。	b 他昨天头疼。
	c 他是我的哥哥。	d 这位是我的老师。
	e 这些人是参观的。	f 现在我没有钱。

a. 先…然后
　xiān…ránhòu…
먼저 … 그리고 나서
部首 bùshǒu 부수
数笔画 shǔ bǐhuà
필획을 세다

11 의문문(1)

(1) 这位是哪位？
　　...

(2) 他是你什么人？
　　...

(3) 这个词典很有用，你为什么不买？
　　...

(4) 他昨天怎么没来上课？
　　...

(5) 这些人是什么人？
　　...

(6) 字典怎么查？
　　...

12 의문문(2)

1 주어진 단어를 이용하여 중국어로 써보세요.

(1) 어디에서 차에서 내립니까? (什么地方 / 哪儿)

(2) 그는 당신에게 어떤 사람입니까? (什么人)

(3) 당신은 왜 지각을 했습니까? (为什么 / 怎么)

(3) 迟到 chídào 지각하다

(4) 베이징 역을 어떻게 가야 합니까? (怎么)

(4) 北京站 Běijīng zhàn 베이징 역

(5) 小文군, 무슨 일이야? (怎么)

(6) 오늘은 왜 이렇게 추운 겁니까? (怎么)

(6) 怎么这么 zěnme zhème 왜 이렇게

(7) 이 한자는 어떻게 읽습니까? (怎么)

2 다음 보기에서 알맞은 단어를 찾아 ( ) 안에 넣고, 전체 문장을 중국어로 써보세요.

| 보기 | a duō gāo | b duō kuān | c duō shēn |
| | d duō zhòng | e duō cū | |

(1) Nǐ tǐzhòng yǒu ( ) ? Yǒu wǔshí duō gōngjīn.

(2) Nà tiáo jiē yǒu ( ) ? Dàyuē yǒu shí mǐ.

(2) 大约 dàyuē 대략

61

(3) Qiánmiàn nà zuò lóu yǒu (   )? Dàgài yǒu èrshi duō mǐ.

（3）大概 dàgài 아마도

(4) Nà kē shù yǒu (   )? Yǒu sān mǐ.

(5) Nà tiáo hé yǒu (   )? Yǒu liǎng mǐ wǔ.

3 밑줄친 단어에 주의하여 문장을 번역하세요.

(1) 我<u>什么</u>时候来都可以<u>吗</u>?

(2) 你想送给他点儿<u>什么</u><u>吗</u>?

(3) <u>哪儿</u>都很安静<u>吗</u>?

(4) 他<u>什么</u>都不吃<u>吗</u>?

(5) <u>谁</u>也不知道这件事<u>吗</u>?

(6) 昨天你们<u>哪儿</u>也没去<u>吗</u>?

4 다음 문장의 ☐ 안에 '几', '多少' 중에서 알맞은 것을 써넣으세요.

(1) 你写的这篇论文有 ☐ 字?

(2) 世界上有 ☐ 大洲, ☐ 大洋?

（2）篇 piān (양) 편
论文 lùnwén 논문

의문문(2) **12**

(3) 你们学校一共有 ☐ 人？ ☐ 个学生？ ☐ 位老师？

(4) 你有 ☐ 枝铅笔？

(5) 你们上午有 ☐ 节课？

(5) 节 jié 과목, 수업을 세는 양사

(6) 你现在认识 ☐ 汉字？

5 '还是'를 이용하여 선택의문문으로 써보세요.

(1) 당신은 자전거로 갑니까, 아니면 버스로 갑니까?
　　...

(2) 당신은 체조를 좋아합니까, 아니면 수영을 좋아합니까?
　　...

(2) 体操 tǐcāo 체조
游泳 yóuyǒng 수영

(3) 중국어는 문법이 어렵습니까, 아니면 한자가 어렵습니까?
　　...

(3) 语法 yǔfǎ 어법

(4) 새로운 회계 담당은 남자입니까, 아니면 여자입니까?
　　...

(4) 会计 kuàijì 회계

6 정반의문문의 형태로 중국어를 써보세요.

(1) 당신은 갑니까?
　　...

(2) 당신은 돈이 있습니까?
　　...

(3) 그녀는 광동사람입니까?
　　...

(3) 广东人 Guǎngdōng rén 광동사람

(4) 당신은 양고기를 먹습니까?
　　...

(4) 羊肉 yángròu 양고기

의문문(2) **12**

7 다음 의문문을 해석하세요.

(1) 咱们去喝杯咖啡，好吗？

....

(2) 今天吃汉堡包，好不好？　　　　　　　　　　　　　　　(2) 汉堡包
　　　　　　　　　　　　　　　　　　　　　　　　　　　hànbǎobāo
....　햄버거

(3) 今天吃肯德基，怎么样？　　　　　　　　　　　　　　　(3) 肯德基 Kěndéjī
　　　　　　　　　　　　　　　　　　　　　　　　　　　KFC
....

(4) 我们去吃自助餐，不知道他去不去？　　　　　　　　　　(4) 自助餐 zìzhùcān
　　　　　　　　　　　　　　　　　　　　　　　　　　　뷔페
....

8 다음 문장을 중국어로 써보세요.

(1) 저 큰 나무는 두께가 어느 정도입니까?　　　　　　　　　(1) 大树 dàshù
　　　　　　　　　　　　　　　　　　　　　　　　　　　큰 나무
....　粗 cū 두껍다

(2) 내 모자는?　　　　　　　　　　　　　　　　　　　　　(2) 帽子 màozi 모자

....

(3) 나는 내일 상하이로 돌아갑니다, 당신은요?

....

(4) 당신이 갑니까, 아니면 그가 갑니까?

....

13 전치사(개사)

1 밑줄친 단어가 문장에서의 성분이 '동사'인지 '전치사'인지를 판단해보세요.

(1) a 他<u>在</u>家里。　　　(　　)
　　b 他<u>在</u>家里休息。　(　　)

(2) a 我<u>到</u>了学校。　　(　　)
　　b 我<u>到</u>学校去了。　(　　)

(3) a <u>往</u>前一点吧。　　(　　)
　　b <u>往</u>前走吧。　　　(　　)

(4) a <u>给</u>我吧！　　　　(　　)　　　　　　　　(4) 帮忙 bāngmáng 도와주다
　　b <u>给</u>我帮忙吧。　　(　　)

2 다음은 주로 동작의 방향과 관련된 문장입니다. ☐ 안에 알맞은 전치사 (往, 向, 朝, 从, 在 등) 중에 알맞은 것을 골라 써보세요.

(1) ☐前走十分钟，就有一家银行。　　(1) 就 jiù 곧
　　　　　　　　　　　　　　　　　　　　银行 yínháng 은행

(2) 他每天中午☐食堂吃饭。

(3) ☐北京到大阪有多远？

(4) ☐左拐弯，马上就到。　　　　　　　(4) 拐弯 guǎiwān 방향을 바꾸다

(5) 列车☐东奔驰。

(6) 我们要☐金大夫学习。　　　　　　　(6) 大夫 dàifu 의사

(7) 门前一对石狮子，都☐东坐着。　　　(7) 石狮子 shíshīzi 돌사자

(8) 昨天地☐我这儿借走了一本小说。　　(8) 借走 jièzǒu 빌려가다

(9) 这趟列车 ☐ 哪儿开？

(10) 他 ☐ 我挥手，我 ☐ 他点头。

(9) 趟 tàng 차례, 번. 횟수를 세는 양사

3 다음 단어를 우리말에 맞게 배열해보세요.

(1) 그는 어제 인천공항에서 출발했다.
 [仁川机场　他　出发　昨天　从　了]

(1) 机场 jīchǎng 공항

(2) 그녀는 주머니에서 지갑 하나를 꺼냈다.
 [钱包　口袋　她　从　掏出　里　一个]

(2) 掏出 táochū 꺼내다

(3) 앞으로 중추절까지 이틀 남았다.
 [了　只有　中秋　离　两天]

(3) 中秋 Zhōngqiū 중추절

(4) 그녀의 남편은 우체국에서 일하고 있다.
 [她　工作　邮局　爱人　在]

(5) 사람은 높은 곳을 향하고 물은 낮은 곳으로 흐른다.
 [走　流　低处　高处　人　往　水　往]

(5) 流 liú 흐르다
低处 dīchù 낮은 곳

(6) 나의 집은 공장에서 그다지 멀지 않다.
 [工厂　远　不　我家　很　离]

(6) 工厂 gōngchǎng 공장

4 다음 전치사구를 의미가 자연스럽게 연결되도록 선을 그으세요.

(1) 跟他们　　•　　　　　a 回宿舍

(2) 离开演　　•　　　　　b 看京剧

(3) 在哪儿　　•　　　　　c 放暑假

(4) 从他那儿　•　　　　　d 一起去

(5) 从七月到九月 •　　　　e 还有30分钟

(3) 放暑假 fàng shǔjià
여름방학을 하다

5 전치사에 주의하여 다음 문장을 중국어로 써보세요.

(1) 나는 그에게 전화를 걸었다.

(2) 그는 그녀와 악수했다.

(2) 握手 wòshǒu
악수하다

(3) 그는 나를 보고 좀 웃었다.

(3) 笑了笑 xiàole xiao
웃었다

(4) 국민을 위하여 봉사하다.

(5) 우리의 우정을 위하여 건배!

(5) 友谊 yǒuyì 우의
干杯 gānbēi 건배

(6) 양국 국민의 이해를 위하여

(6) 加强 jiāqiáng
강화하다
了解 liǎojiě 이해

(7) 중국어로 말하다

(7) 用 yòng
~을 이용하여

(8) 그는 다른 사람에게 매우 친절하다.

(8) 热情 rèqíng
열정적이다

전치사(개사) **13**

(9) 선생님에게 책을 한 권 빌리다

....

(10) 내가 책임을 지다

....

(10) 负责 fùzé 책임

6 전치사에서 '跟'은 '양방향'을 '对'는 '한 방향'을 나타내는 뉘앙스가 있습니다. 다음 문장의 ( ) 안의 적당한 전치사를 넣으세요.

(1) 他每天（   ）谁一起学习。

(2) 老张是上海人，他（   ）上海一切很熟悉。

(3) 你要有什么问题，就（   ）大家商量商量。

(4) 我（   ）他表示感谢。

(2) 一切 yíqiè 모든
熟悉 shúxī 익숙하다
(3) 要 yào ~해야 한다
(4) 表示感谢 biǎoshì gǎnxiè 감사를 표시하다

14 전치사 '是~的' 구문

1 다음 보기에서 알맞은 전치사를 찾아 ( ) 안에 넣으세요.

> 보기   为   给   替

(1) 昨天他家又（　　）他打来了一封电报。

(2) 老李同志（　　）国家、（　　）民族作出了重大贡献。

(3) 你见到他，（　　）为我问好。

(4) （　　）人民服务。

(5) （　　）花浇水。

(1) 打来 dǎlai 걸려오다
电报 diànbào 전보

(3) 见到 jiàndào 만나다
问好 wènhǎo 안부를 묻다

(5) 浇水 jiāoshuǐ 물을 뿌리다

2 다음 보기에 알맞은 전치사를 찾아 ( ) 안에 넣으세요.

> 보기   对于   关于   至于

(1) 运动（　　）身体是有好处的。

(2) 我们早听说过（　　）雷锋的故事。

(3) （　　）这种机器的性能，我不很清楚。

(4) （　　）这个问题下面还要进一步讨论。

(5) （　　）经济建设中的许多问题，我们还很不熟悉。

(6) （　　）怎么走，改天再商量。

(1) 好处 hǎochu 이로운 점, 이익

(2) 听说 tīngshuō 듣자하니 ~라고 하다
雷锋 Léi Fēng (인명) 레이 펑
故事 gùshi 이야기

(3) 性能 xìngnéng 성능

(4) 进一步 jìn yí bù 한걸음 더 나아가다

(5) 许多 xǔduō 매우 많은
熟悉 shúxī 익숙하다

69

3 다음 구문들의 단어가 밑줄친 단어가 나타내는 의미의 차이를 생각해보세요.

(1) a ┌ <u>对</u>他说一声
　　 b └ <u>跟</u>他谈谈

(2) a ┌ <u>到</u>他家去
　　 b └ <u>上</u>街去

(3) a ┌ <u>从</u>首都机场起飞
　　 b │ <u>从</u>工作上考虑
　　 c └ <u>从</u>桥下穿过去

(4) a ┌ 班长同志总是不<u>离</u>我的身边
　　 b │ 我们学校在山西农村，<u>离</u>县城二十多里
　　 c └ <u>离</u>火车进站的时间，还有三十分钟

―중국의 행정구역―
中 华 人 民 共 和 国
Zhōnghuá rénmín gònghéguó

5 自治区　　23 省　　4 直辖市
zìzhìqū　　shěng　　zhíxiáshì

市　县　　市　县　　区　县
shì　xiàn

区　镇　乡　区　镇　乡　镇　乡
　　zhèn xiāng

(1) 谈谈 tántan
이야기하다

(2) 上街 shàng jiē
물건을 사러 가다

(3) 穿过 chuānguò
통과하다

(4) 总是 zhǒngshì
항상
县城 xiànchéng
현 정부 소재지
进站 jìn zhàn
역에 들어오다

4 주어진 의미에 맞도록 [ ]에서 알맞은 전치사를 찾아보세요.

(1) 我们要 [向　对　跟　给] 中国同学开一个联欢会。
우리들은 중국인 학생과 친목회를 하려고 한다.

(2) 他 [对　给　向　把] 我那样好，你见到他时，[给　跟　替　为] 我问他好！
그는 나에게 잘해주었으니, 그를 만났을 때 나 대신에 안부 전해주세요.

(3) 他 [为　给　对　向] 这本书写了一篇序文。
그는 이 책의 서문을 썼다.

(4) 汉字 [给　使　向　对于] 某些国家的留学生是比较难的。
한자는 일부 국가의 유학생에게는 비교적 어렵다.

(5) 衣服都 [为　使　给　被] 你洗好了。
당신을 위해서 옷은 모두 빨았다.

(1) 联欢会 liánhuānhuì
친목회

(3) 序文 xùwén
서문, 머리말

(4) 使 shǐ (…에게)
…하게 하다

(5) 被 bèi
…에게 …당하다

전치사 '是~的' 구문 **14**

5 전치사에 주의하여 다음 문장을 중국어로 써보세요.

(1) 여기서 병원까지는 멉니까?
　　...

(2) 차가 출발할 때까지 아직 몇 분이나 있나요?
　　...

(3) 당신들은 항상 어디에서 커피를 마십니까?
　　...

(3) 常常 chángcháng
항상

(4) 그녀는 언제부터 서울에서 살기 시작했습니까?
　　...

(4) 开始住在
kāishǐ zhù zài
~에서 살기 시작하다

(5) 당신의 사전은 어디에서 산 것입니까?
　　...

6 다음 문장을 번역해보고, '是~的'에 의해 강조된 부분이 '시간', '장소', '방법', '목적', '행위자'에서 무엇인지를 구분하세요.

(1) 她<u>不是</u>昨天来<u>的</u>, <u>是</u>前天来<u>的</u>。（　　　　）
　　...

(2) 他<u>是</u>坐飞机来<u>的</u>。（　　　　）
　　...

(3) 他们<u>是</u>不<u>是</u>参加国庆活动来<u>的</u>？（　　　　）
　　...

(3) 国庆活动
Guóqìng huódòng
국경일 행사

(4) 他<u>是</u>从什么地方回来<u>的</u>？（　　　　）
　　...

(5) 这个柜子<u>是</u>放衣服<u>的</u>。（　　　　）
　　...

(5) 放 fàng 놓다

전치사 '是~的' 구문 **14**

7 '是~的' 구문으로 만들어보세요.

(1) 만리장성은 2천 년 쯤 전에 만들어지기 시작했다.
　　..

(2) 나는 왕푸징의 신화서점에서 책을 사고 있을 때 그녀를 보았다.
　　..

(3) 선생님과 학생은 버스로 고궁에 와서 참관했다.
　　..

(4) 우리들은 작년 9월 베이징에 왔다.
　　..

(5) 당신은 어디에서 왔습니까?
　　..

(1) 两千多年
liǎng qiān duō nián
이천여 년

开始修建
kāishǐ xiūjiàn
건설하기 시작하다

(2) ~的时候
de shíhou
~할 때

(3) 来故宫参观
lái Gùgōng cānguān
자금성에 와서 참관하다

15 상용되는 부사

1 다음 문장의 부사에 밑줄을 그어 표시하고, 전체 문장의 병음과 성조를 쓰고 해석해보세요.

(1) 夏天 天 四 点 钟 就 亮 了, 冬天 七 点 钟 才 亮。
　　..

(2) 他 还 没 来, 他 又 失约 了。
　　..

(2) 失约 shīyuē
약속을 어기다

(3) 你 有 什么 事儿, 明天 再 来。
　　..

(4) 这个 办法 比较 好, 可以 采用。
　　..

(4) 采用 cǎiyòng
채용하다
可以 kěyǐ ~해도 된다, ~할 수 있다

(5) 他 本来 就 很 胖, 近来 更 胖 了。
　　..

(6) 他 今天 似乎 有点儿 不 高兴。
　　..

(6) 似乎 sìhu
마치 (…인 것 같다)
仿佛 fǎngfú
마치 …인 듯하다
好像 hǎoxiàng
마치 …과 같다
(비슷하다)

2 부정부사 '不'의 위치에 주의하여 번역해보세요.

(1) 我们不都是留学生。
　　..

(2) 他们都不是美国人。
　　..

(3) 这个西瓜不太好吃。
　　..

(4) 他那个人风格太不高了。
··

(5) 那个录象机很不好，这个也不算太好。
··

(4) 他와 那个人은 동격
风格 fēnggé 인품, 태도
太…了 매우 …하다

(5) 录像机 lùxiàngjī VTR
不算 bú suàn …한 편은 아니다

3 다음 보기에서 알맞은 부사를 찾아 넣으세요.

> 보기 再 又 才 就 太 更
> 有点儿 比较 可

(1) 那个女孩儿实在 [　] 可爱了！
그 여자아이는 정말 매우 귀엽다.

(2) 文章不能 [　] 长。
문장이 너무 길어서는 안 된다.

(3) 他每天六点 [　] 下班，从来不加班。
그는 매일 6시에는 일을 마쳐서 야근을 전혀 하지 않는다.

(4) 演出七点半开始，他七点二十五分 [　] 到剧场。
공연이 7시 30분에 시작하는데, 그는 7시 25분에서야 극장에 도착했다.

(5) 明天 [　] 是星期一了，时间过得真快。
내일은 또 월요일이다, 시간이 정말 빠르게 가는구나.

(6) 鞋子 [　] 破了，明天要 [　] 买一双。
구두가 또 망가져서, 내일 다시 한 켤레 사야겠다.

(7) 昨天暖和，今天 [　] 冷。
어제는 따뜻했는데, 오늘은 비교적 춥다.

(8) 昨天冷，今天 [　] 冷。
어제는 추웠는데, 오늘은 더욱 춥다.

(3) 加班 jiābān 야근하다
上班 shàngbān 출근하다
下班 xiàbān 퇴근하다

(5) '过得'의 '得'는 정도를 나타내는 부사
真 zhēn 정말로

상용되는 부사 **15**

(9) 今天我觉得 [　] 不舒服。
오늘 나는 조금 상태가 나쁘다.

(10) 汉语他说得这么好, [　] 真不简单。
중국어를 이렇게 잘 구사하다니, 그는 정말로 대단하다.

4 주어진 단어를 이용하여 문장을 배열해보세요.

(1) 이 문장을 고치고 또 고쳤지만, 아직도 그다지 만족스럽지 않다.
……………………………………………………………………………

[改　还　篇　不　改　了　太　文章　满意　又　这]
　gǎi　hái　piān　bù　gǎi　le　tài　wénzhāng　mǎnyì　yòu　zhè

(2) 나는 그와 다시 만나고 싶지 않다.
……………………………………………………………………………

[他　再　了　想　跟　见面　不　我]
　tā　zài　le　xiǎng　gēn　jiànmiàn　bù　wǒ

(3) 그의 병이 바로 얼마 전에 좋아져서 보양에 주의해야 한다.
……………………………………………………………………………

[病　要　休养　你　刚　注意　的　好]
　bìng　yào　xiūyǎng　nǐ　gāng　zhùyì　de　hǎo

(4) 오늘 저녁 친목회에는 우리 회사 사원 전원이 참가하는 것은 아니다.
……………………………………………………………………………

[的　不　联欢会　今天　晚上　公司　都　参加
　de　bù　liánhuānhuì　jīntiān　wǎnshang　gōngsī　dōu　cānjiā
　我们　职员　的]
　wǒmen　zhíyuán　de

(5) 나는 이렇게 성격이 이상한 사람을 만나본 적이 없다.
……………………………………………………………………………

[人　见　过　真　我　没　怪　脾气　这样　可　的]
　rén　jiàn　guo　zhēn　wǒ　méi　guài　píqi　zhèyàng　kě　de

---

(1) 了 le 어기조사, 상황의 변화를 나타냄
改了 gǎile 고치다

(2) 跟…见面 gēn…jiànmian ~와 만나다

(5) 见过 jiànguo 만난 적이 있다
过 guo (동태조사) 과거의 경험을 나타냄
没(有) méi(yǒu) ~하지 않았다, 과거의 부정
怪 guài 이상하다

상용되는 부사 15

5 다음 예문에서 올바른 문장에 표시하고 그 이유를 설명해보세요.

(1) a 太阳曾经落山了，咱们该回去了。☐
    b 太阳已经落山了，咱们该回去了。☐

(2) a 你刚才上哪儿去了？☐
    b 你刚刚上哪儿去了？☐

(3) a 我们立刻才出发，你怎么现在就来？☐
    b 我们立刻就出发，你怎么现在才来？☐

(4) a 那个地方太冷，我不想还去。☐
    b 那个地方太冷，我不想再去。☐

(5) a 别人都不了解我，小王比较了解我。☐
    b 别人都不了解我，小王更了解我。☐

(1) 该 gāi…了
~해야 한다
我该走了。
wǒ gāi zǒu le.
나 가야겠다

(2) 刚才 gāngcái
방금

(3) 立刻 lìkè 즉시

(5) 了解 liǎojiě
이해하다

16 문장성분의 정리

1 다음 문장의 주어(주부)에는 __선을, 술어(술부)에는 ⁓선을 긋고, 또한 어떤 것이 주어로 쓰였는지 보기에서 고르세요.

> 보기
> a 시간, 장소   b 동작, 행위   c 수량
> d 사람   e 성질, 상태   f 사물

(1) 小李是大学生。 ☐
　　他很认真。
(2) 衣服做好了。 ☐
　　语法不难学。
(3) 今天比较冷。 ☐
　　北京很美。
(4) 学习外语很不容易。 ☐
　　他去上海我不知道。
(5) 太客气了也不好。 ☐
　　干干净净当然好。
(6) 三个不够。 ☐
　　一丈等于十尺。

(6) 不够 bú gòu 부족하다
一丈 yì zhàng 길이의 단위, '一尺'의 10배, 3.33미터
等于 děngyú ~와 같다

2 각 문장의 술어의 성질을 보기에서 찾아보세요.

> 보기
> a 주술구   b 명사구
> c 동사구   d 수량사구
> e 성질형용사구   f 상태형용사구

(1) 他吃苹果。 ☐
(2) 他很健康。 ☐
(3) 他高高的。 ☐
(4) 他上海人。 ☐
(5) 他二十岁。 ☐
(6) 他衣服洗了。 ☐

3 주어에 선을 긋고, 전체 문장을 번역해보세요.

(1) 大孩子上中学了。Dà háizi shàng zhōngxué le.

　　..

(2) 床单儿、被子、枕头都买了。Chuángdānr, bèizi, zhěntou dōu mǎi le.

　　..

(1) 中学 zhōngxué 중·고등학교
初中 chūzhōng 중학교
高中 gāozhōng 고등학교

(3) 一个三块钱。 Yí ge sān kuài qián.

....

(4) 正在看书的是小王。 Zhèngzài kàn shū de shì Xiǎo-Wáng.

....

(4) 正在 zhèngzài
~하고 있다

(5) 学外语一定要注意发音。 Xué wàiyǔ yídìng yào zhùyì fāyīn.

....

(5) 要 yào
~해야 한다

(6) 遵守纪律是一种美德。 Zūnshǒu jìlǜ shì yì zhǒng měidé.

....

(7) 他去比较合适。 Tā qù bǐjiào héshì.

....

(8) 扫地十五个人。 Sǎo dì shíwǔ ge rén.

....

4 다음의 ___친 단어는 주어입니다. 우리말로 번역한 다음 주어와 술어의 관계를 다음 보기에서 고르세요.

> 보기　a 동작의 주체　　　b 동작의 대상
> 　　　c 동작이 행해진 장소　d 동작이 행해진 시간

(1) a <u>我</u>洗衣服了。　[　]　.............................
　　b <u>衣服</u>洗好了。　[　]　.............................

(2) a <u>我</u>看电影了。　[　]　.............................
　　b <u>书</u>看完了。　　[　]　.............................

(3) a <u>台上</u>正在演戏。[　]　.............................
　　b <u>主席团</u>坐台上。[　]　.............................

(3) 演戏 yǎnxì
연극하다

문장성분의 정리 **16**

(4) a 我不吃了。　　[　]　……………………………………
　　b 苹果不吃了。　[　]　……………………………………
　　c 明天不吃了。　[　]　……………………………………

5 다음 구문은 '술어+목적어'로 되어 있습니다. 이 목적어의 성질이 명사이면 a로, 동사이면 b로 표시하세요.

(1) 吃苹果　　　　　　(　)

(2) 喜欢热热闹闹　　　(　)

(3) 买一张桌子　　　　(　)

(4) 看下棋　　　　　　(　)

(5) 希望他去　　　　　(　)

6 (　) 안에 '地', '的'를 넣어 번역해보세요.

(1) 高兴(　　　)笑

(2) 爷爷(　　　)烟斗

(3) 我们爬(　　　)山叫万寿山。

(4) 孩子们高高兴兴(　　　)唱起来了。

(5) 他认真(　　　)学习。

(6) 他买(　　　)衣服破了。

(3) 万寿山 Wànshòushān 만수산

(4) 起来 qǐlái 일어나다, ~하기 시작하다

(6) 破 pò 찢어지다, 파손되다

7 다음 병음을 문장 안에서 부사어 역할을 합니다. 각 병음을 중국어로 써 보세요.

(1) 请你 mànmānr 说吧。　　　　(　　　)

(2) 我们一定 hǎohāor(de) 学习中文。(　　　)

(3) 明天你 zǎodiǎnr 来吧。　　　　(　　　)

79

16 문장성분의 정리

(4) 他们都 jījí(de) 工作。　　　(　　)

(5) 老师 rènrenzhēnzhēn(de) 教我们。　(　　)

(6) 孩子们！kuài 来呀！　　　(　　)

(7) 我 cóng sùshè 来的。　　　(　　)

(8) 我昨天 bú 是坐飞机来的。　(　　)

(9) 我们 yìqǐ 去参观长城吧。　(　　)

(10) 公园里人 hěn 多。　　　(　　)

17 존재·출현·소실의 문장, 비주술문, 명령문

1 다음 병음을 중국어로 바꾸어 전체 문장을 번역해보세요.

(1) 桌子上 fàng 着一本书。

(2) 路上 wéi 着不少人。

(3) 地上 zhǎng 满了杂草。

(3) 杂草 zácǎo 잡초

(4) 墙上 guà 着几幅油画。

(5) 院子里 duī 着很多东西。

(6) 大路上 zǒu 过来两个人。

(6) 'zǒu过来'의 '过来'는 동사 뒤에 쓰여서 말하는 사람이 있는 쪽으로 오는 것을 나타냄

(7) 昨天晚上 fāshēng 了火灾。

(7) 火灾 huǒzāi 화재

(8) 昨天 lái 了一个客人。

(9) 我们胡同里 bān 走了一家。

(9) 胡同 hútong은 옛날 그대로의 옆길, 골목이라는 뜻입니다. 베이징에는 胡同이 무수히 많다고 합니다.

(10) 村子里 sǐ 了一头牛。

2 다음 그림의 내용을 보기에서 주어진 단어를 이용하여 존재, 출현, 소실의 형태로 이야기해보세요.

보기	장소	山上　山下　海上　天空　门外　门里
		游泳池旁边
	동사	长着　种着　放着　摆着　飞过　沉了　停着
	명사	汽车　船　椅子　庄稼　树　自行车　大雁

种 zhòng 심다
沉 chén 가라앉다
停 tíng 멈추다
庄稼 zhuāngjia 농작물
大雁 dàyàn 기러기

(1) 　　(2)

只 zhī 척,
배를 세는 양사
把 bǎ 개,
의자를 세는 양사
一群 yì qún
새 떼를 세는 양사

(3) 　　(4)

〈鸟 niǎo의 명칭〉
鸭子 yāzi 오리
喜鹊 xǐque 까치
鹅 é 거위
乌鸦 wūyā 까마귀
麻雀 máquè 참새
老鹰 lǎoyīng 독수리
燕子 yànzi 제비
鸡 jī 닭
公鸡 gōngjī 수닭
母鸡 mǔjī 암닭
猫头鹰 māotóuyīng
부엉이(양사는 '只zhǐ'를 씀)

(5)

3 다음 문장의 중국어와 병음을 써보세요.

(1) 안개가 끼다
　　(병음)　　　　　　(중국어)

(1) 雾 wù 안개

(2) 눈이 내리다
　　(병음)　　　　　　(중국어)

(2) 雪 xuě 눈

존재·출현·소실의 문장, 비주술문, 명령문 **17**

(3) 얼음이 얼다
　　(병음)　　　　　　　　(중국어)

(3) 冰 bīng 얼음
结 jié 응결하다

(4) 샤오 왕, 수업 시작이야.
　　(병음)　　　　　　　　(중국어)

(5) 천천히 드세요.
　　(병음)　　　　　　　　(중국어)

(5) 慢慢 mànmānr 천천히

(6) 살펴 가세요.
　　(병음)　　　　　　　　(중국어)

(6) 慢走 mànzǒu 살펴 가세요, 천천히 걷다

(7) 별 말씀을요.
　　(병음)　　　　　　　　(중국어)

(7) 客气 kèqi 정중하다, 친절하다

(8) 그에게 전해주세요.
　　(병음)　　　　　　　　(중국어)

(8) 转告 zhuǎngào 전달하다

4 다음은 《반고와 여와 씨의 전설》의 일부분 내용입니다. 존현문으로 쓰인 문장에 줄을 그어보세요.

有 一 天, 灾难* 突然 降临 了。蓝天上 出现了
Yǒu yì tiān, zāinàn tūrán jiànglín le. Lántiānshang chūxiànle
好 几 个 洞, 雨水 不 停 地 从 洞中 倾泻下来,
hǎo jǐ ge dòng, yǔshuǐ bù tíng de cóng dòngzhong qīngxièxialai,
低洼 的 地方 变成了 汪洋大海。大地 也 出现了 不
dīwā de dìfang biànchéngle wāngyángdàhǎi. Dàdì yě chūxiànle bù

盘古 Pángǔ 반고
女娲 Nǚwā 여와 씨
传说 chuánshuō 전설

* '难'은 '어렵다'의 뜻일 때는 'nán'으로, '재난, 불행'의 뜻일 때는 'nàn'으로 읽습니다.

83

17 존재·출현·소실의 문장, 비주술문, 명령문

少 裂缝, 烈火 和 臭水 不断地 从 裂缝中 冒出来,
shǎo lièfèng, lièhuǒ hé chòushuǐ búduànde cóng lièfèngzhong màochulai,

有的 地方 燃起了 熊熊 大火。
yǒude dìfang ránqǐle xióngxióng dàhuǒ.

어느날, 갑자기 재난이 떨어졌다. 파란 하늘에는 몇 개의 구멍이 생기고 그 구멍으로 비가 계속해서 쏟아졌기 때문에 낮게 패인 부분은 망망대해로 변해버렸다. 땅에도 역시 많은 균열이 생기고 큰 화재와 악취가 나는 물이 끊임없이 뿜어져 나오고 어떤 곳에서는 불이 활활 타올랐다.

18 조동사(능원동사)

1 각 문장에 쓰인 '会、要、想'은 조동사인지 동사인지를 파악하고 번역해 보세요.

(1) a 他会英语。　　[　]　..
　　 b 他会说英语。　[　]　..

(2) a 我要这个。　　[　]　..
　　 b 我要买这个。　[　]　..

(3) a 我想家。　　　[　]　..
　　 b 我想去中国。　[　]　..

2 다음 ( ) 안에 '能、会、可以'에서 알맞은 것을 조동사로 써보세요.

(1) 我不(　　　)踢足球。

(2) 他一分钟(　　　)写二十个汉字。

(3) 这儿(　　　)照相。

(4) 她真(　　　)唱歌。

(5) 他现在(　　　)看中国杂志。

(6) 刘先生夫妻很(　　　)做菜。

(7) 我希望(　　　)有机会到中国去学习。

(8) 四个现代化的目标一定(　　　)实现。

(9) 这个菜很好吃, 你(　　　)尝一尝。

(10) 那儿(　　　)游泳吗?

(4,6) '会'는 자주 '很, 真, 最' 등과 같이 '~을/를 잘한다' 라는 뜻을 나타냅니다.

(8) 现代化 xiàndàihuà 현대화
实现 shíxiàn 실현하다

3 조동사 '要'에는 a~d의 의미가 있습니다. 각 문장에서 쓰인 의미를 찾아보세요.

a. (의지로써) …하려고 하다, …할 예정이다
b. (도리상의 필요성에서) …하지 않으면 안 된다
c. (사건이 머지 않아 실현되는 것을 나타내는) …하려고 하고 있다
d. (객관적, 필연적인 추세로써) …하지 않으면 안 된다, …하기로 하다

(1) 代表团要下月初才回来。 (　　)

(2) 他快要毕业了。 (　　)

(3) 我有话要对他讲。 (　　)

(4) 水果要洗干净才能吃。 (　　)

(5) 我要学滑冰。 (　　)

(6) 麦子眼看就要割完了。 (　　)

(7) 看样子，要下雨。 (　　)

(8) 你要时时刻刻注意身体。 (　　)

보기의 조동사 '要'는 다음의 단어들과 의미가 같습니다.
a. 想要 xiǎngyào
b. 须要 xūyào
c. 将要 jiāngyào
d. 可能 kěnéng, 会 huì

(1) 才 cái 비로서
(2) 快要…了 kuàiyào…le 곧 …할 예정이다
(3) 讲 jiǎng 알리다

(6) 眼看 yǎnkàn 곧, 순식간에
就要…了 jiùyào…le 곧 …할 것이다

4 다음 문장을 조동사의 의미에 주의하여 중국어로 써보세요.

(1) 나는 선생님이 되고 싶다.
　　………………………………………………………………

(2) 나는 동생에게 사전을 사주고 싶다.
　　………………………………………………………………

(3) 당신은 운전을 할 수 있습니까?
　　………………………………………………………………

(4) 그는 그녀와 결혼할 리가 없다.
　　………………………………………………………………

(5) 나는 이 책을 번역할 수 있다.
　　………………………………………………………………

(6) 여기에서 우리들이 이야기해도 괜찮습니까?
　　………………………………………………………………

5 다음 문장을 (　)의 의미를 나타내도록 부정형으로 바꾸어보세요.

(1) 你得马上打扫屋子。→ (…할 필요가 없다)

　　..

(2) 你要买那件衣服？→ (…하고 싶지 않다)

　　..

(3) 明天要下雨吗？→ (…할 리가 없다)

　　..

(4) 我一天可以走四十公里。→ (…할 수 없다)

　　..

(5) 戏院里可以吸烟。→ (…할 수 없다)

　　..

(6) 我想跟她谈话。→ (…하고 싶지 않다)

　　..

(1) 打扫 dǎsǎo 청소하다

(5) 戏院里 xìyuànli 극장 안
吸烟 xīyān 담배 피다

6 다음 문장의 의미를 써보세요.

(1) 我不想买那辆自行车。

　　..

(2) 你不应该喝酒。

　　..

(3) 这么晚，他今天不会来了。

　　..

(4) 不准随地吐痰。

　　..

(5) 不要大声说话。

　　..

조동사(능원동사) **18**

7 다음 문장의 잘못된 부분을 바르게 고치고, 그 이유를 설명해보세요.

(1) 我想想给病人看病, 作手术。

　　...

(2) 没有桥太不方便了, 应该我们在这儿修建一座大桥。

　　...

(3) 你要买不买那本辞典?

　　...

(4) 我去冰场可以滑冰吗?

　　...

(5) 我妈妈只用半天时间, 就会做好一件衬衣和一条裙子。

　　...

(5) 做好 zuòhǎo
완성하다

8 강한 긍정을 나타내는 이중부정문입니다. 그 의미를 써보세요.

(1) 这个讨论会咱们不应该不参加。

　　...

(2) 我们不得不告诉他。

　　...

(3) 我们不能不改变原来的主意。

　　...

(4) 这个任务今天不能不完成。

　　...

(5) 别着急, 他不会不来的。

　　...

(1) 应该 yīnggāi
마땅히 …해야 한다,
…하는 것이 당연하다

(2) 得 děi
…해야 한다

20 진행의 애스펙트

1 다음 보기에서 알맞은 단어를 찾아 진행형으로 문장을 표현해보세요.

> 보기   撒 sā   种子 zhǒngzi   唱 chàng   歌 gē   喝 hē   水 shuǐ   哭 kū   捉 zhuō   蜻蜓 qīngtíng

小羊 xiǎoyáng

小猫 xiǎomāo

小白兔 xiǎobáitù

예) 小羊正在跳舞呢。   ① _____   ② _____

小猴子 xiǎohóuzi

乌鸦 wūyā

公鸡 gōngjī

③ _____   ④ _____   ⑤ _____

2 '在'는 동사, 전치사, 부사 역할을 합니다. 각 문장에서 '在'의 품사를 표시하고 전체 문장을 중국어로 써보세요.

(1) Tāmen zài xiūxi ne. ( )
....

(2) Xiǎomàibù zài bàngōngshì de pángbiānr. ( )
....

(3) Míngtiān nǐ dào zhèr de shíhou, tā huì zài děng nǐ. ( )
....

(2) xiǎomàibù
小卖部
대학, 극장 등의 매점

(4) Tā xīwàng zài yínháng gōngzuò. (　　)

．．

(5) Zhège gōngzuò bìxū zài jīntiān shàngwǔ wánchéng. (　　)　　(5) bìxū 必须 반드시, 필히

．．

3 다음을 진행형의 중국어로 표현해보세요.

(1) 지난주 금요일에 그를 찾았을 때, 그는 여전히 실험을 하고 있었다.

(1) 找 zhǎo 찾다
做实验 zuò shíyàn 실험을 하다

．．

．．

(2) 다음주 일요일 그녀들도 아마도 테니스를 치고 있을 것이다.

(2) 可能 kěnéng 아마도
打网球 dǎ wǎngqiú 테니스를 치다

．．

．．

(3) 당신은 무엇을 하고 있습니까? 세탁을 하고 있나요?

(3) 洗衣服 xǐ yīfu 세탁을 하다
收拾东西 shōuxi dōngxi 물건을 정리하다

．．

아니요, 물건들을 정리하고 있어요.

．．

(4) 너희들 잡담하고 있니?
우리들은 잡담하지 않았어, 학습 방법 문제를 토론하고 있었어.

(4) 聊天儿 liáotiānr 잡담하다
学习方法的问题 xuéxí fāngfǎ de wèntí 학습 방법의 문제
讨论 tǎolùn 토론하다

．．

．．

(5) 그는 공부를 하고 있는 것이 아니라 잠을 자고 있습니다.

(5) 做功课 zuò gōngkè 공부하다

．．

．．

4 다음 문장의 틀린 부분을 바르게 고쳐보세요.

(1) 他不在吃饭，他在休息。
   ....

(2) 他们正在在实验室做实验。
   ....

(3) 他正在去操场了。
   ....

(3) 操场 cāochǎng
운동장

(4) 我们都在喜欢这种山水画呢。
   ....

(5) 他正在有一个收音机。
   ....

(5) 收音机 shōuyīnjī
녹음기

21 지속의 동태 표시

1 다음 병음을 중국어로 고치고, 지속을 나타내는 부분은 ___로, 동작의 진행과 지속을 나타내는 경우에는 ___로 표시해보세요.

(1) Chuānghu kāizhe, mén guānzhe.

(2) Qiángshang guàzhe yì zhāng Zhōngguó dìtú.

(3) Tā bìzhe yǎnjing ne.

(4) Tāmen chàngzhe gēr, tiàozhe wǔ ne.

(5) Wǒ lái de shíhou, nǎinai zài zhīzhe máoyī ne.

2 주어진 단어를 이용하여 의문문을 만들고 그에 대한 대답을 긍정과 부정으로 표현해보세요.

(1) 戴 那 她 今天 帽子 顶 白 吗 着

(2) 窗户 上边儿 着 开 的 没有

(3) 那个 没有 寄信人 信封 的 上 写 地址 着

(2) 寄信人 jìxìnrén 발신인
地址 dìzhǐ 주소

(4) 去 时候 他们 电视 着 你 都 的 看 没有

　

(5) 上 吗 住 楼 人 着

　

3 다음 문장의 틀린 부분을 바르게 고쳐보세요.

(1) 门不开着。

(2) 他醒着了。

(3) 花瓶里插鲜花着。

(4) 他们跳舞着呢。

(5) 墙上在挂着一张画。

(6) 校园里在种着很多果树。

(7) 大家都知道着那件事。

(3) 鲜花 xiānhuā
생화

(4) 跳舞 tiàowǔ
춤추다

(6) 果树 guǒshù
과실나무

(8) 她很像着她妈妈。

(9) 老师去着学校了。

(10) 事情就这样结束着。   (10) 结束 jiéshù 끝나다

4 다음의 예와 같이 보기에서 알맞은 단어를 찾아 「동사+着」의 형태로 써 보세요.

> 보기　放　摆　含　挂　盛　收　拿　站
> 예) 路上有很多人。→ 路上围着很多人。

* 含 hán 포함하다
* 盛 chéng 물건을 그릇에 담다, 수용하다
shèng 흥성하다, 번성하다

(1) 书架上有很多书和词典。

(2) 箱子里有一件新衬衫。   (2) 箱子 xiāngzi 상자
衬衫 chènshān 셔츠

(3) 那个孩子嘴里有一块糖。

(4) 她手里有一串葡萄。   (4) 串 chuàn 꼬치

(5) 桌子上有一个花瓶。

(6) 墙上有一张气象记录表。   (6) 气象记录表 qìxiàng jìlùbiǎo 기상기록표

(7) 碗里有米饭。

(8) 桥上有许多人。

(8) 许多 xǔduō
매우 많은

5 동태조사 着를 이용하여 문장을 만들어 보세요.

(1) 어제 박물관 문 밖에는 매우 많은 관광차가 서 있었다.

(1) 游览车 yóulǎnchē
관광차

(2) 오늘 박물관 문 밖에는 또 매우 많은 관광차가 서 있다.

(3) 보아하니, 내일도 역시 매우 많은 관광차가 서 있을 것이다.

(3) 看起来 kànqǐlái
보아하니
还 hái 아직
会 huì ~일 것 같다

(4) 어제 수업할 때, 그는 선생님의 말씀을 주의하여 들었다.

(4) 上课 shàngkè
수업하다
老师讲的话
lǎoshī jiǎng de huà
선생님 말씀
注意地 zhùyìde
주의하여

(5) 지금 그들은 선생님의 말씀을 진지하게 듣고 있다.

22 완료·실현의 동태

1 다음 보기와 같이 어기조사 '了'를 이용하여 긍정문과 부정문으로 만들어 보세요.

> 보기   他写信 → 他写(了)信了。他没有写信。

(1) 我买地图 → ....

(2) 他看那本书 → ....

(3) 我吃饭 → ....

(4) 她洗脸 → ....

(5) 他来 → ....

2 문제1의 문장을 '아직 …하지 않았다'의 '还…呢' 표현을 이용하여 병음으로 써보세요.

> 보기   Tā hái méi xiě xìn ne.

(1) ....

(2) ....

(3) ....

(4) ....

(5) ....

还没…呢 háiméi…ne
아직 …하지 않았다
(현재의 시간에 주로 사용된다.)

'昨天 어제', '昨天晚上 어제 저녁', '上午 오전' 등과 같은 시간사는 '还没…呢'와 함께 쓰지 않는다.
(×) 她昨天还没看电影呢。

22 완료·실현의 동태

3 다음 보기와 같이 '吗', '~了没有'를 이용하여 의문문을 만들어보세요.

> 보기   他来了。   I 他来了吗?   II 他来了没有?

(1) 他们赢了。

(2) 弟弟睡了。

(3) 妹妹昨天看电影了。

(4) 昨天晚上哥哥喝啤酒了。

(5) 他们上午打网球了。

(1) 赢 yíng 이기다
输 shū 지다

(4) 啤酒 píjiǔ 맥주

4 문제 3의 문장을 보기와 같이 정반의문문으로 만들어보세요.

> 보기   他来了 → 他来没来?

(1)

(2)

(3)

(4)

(5)

5 어기조사 '了'를 이용하여 다음 문장을 중국어로 써보세요.

(1) 어제 오전에 그들은 미술관을 견학했다.
．．

(2) 어제 한차례의 큰 비가 내렸다.
．．

(3) 방금 지진이 발생했다.
．．

(4) 방금 전화가 왔다.
．．

(5) 수업이 끝난 후 바로 수영장에 수영하러 가다.
．．

(6) 내일 퇴근 후에 바로 너를 찾으러 갈게.
．．

(7) 식사를 마친 후에 함께 산책하다.
．．

(8) 그는 고등학교때에 매일 테니스를 쳤다.
．．

(9) 작년 겨울에 우리들은 자주 스키를 탔다.
．．

(10) 이전에 그는 자주 지각했는데, 지금은 정시에 등교한다.
．．

(1) 美术馆 měishùguǎn 미술관

(2) 阵 zhèn (양) 짧은 시간, 잠시동안
一阵 한 차례
几阵 여러 차례

(3) 刚才 gāngcái 방금
地震 dìzhèn 지진
发生 fāshēng 발생하다

(5) 下课 xiàkè 수업하다

(6) 找您去 zhǎo nín qù 당신을 찾으러 가다

(7) 散步 sànbù 산보하다
散步는 이합사로 중첩의 형태는 [VO]에는 [VOVO], [VVO]이다 (제10장 참조)

(8) 上高中的时候 shàng gāozhōng de shíhou 고등학교 때
'上高中'에서 '高中'은 고등학교를 말하며 '上 shàng' 동사 역할을 한다.

(9) 滑雪 huáxuě 스키를 타다

(10) 迟到 chídào 지각하다
按时 ànshí 제때에

6 다음 문장의 잘못된 부분을 바르게 고치세요.

(1) 他洗了澡。

(2) 夏天我常常去游泳了。

(3) 上次美国留学生没看了足球比赛。

(4) 他像了他父亲。

(5) 昨天我们不看节目。

(6) 明天下午他见朋友，再去买东西。

(7) 他们俩已经翻译那篇文章。

(8) 他去了商店买一双冰鞋。

(1) 洗澡 xǐzǎo 목욕하다
[VO]의 형태인 이합사이다.
淋浴 línyù 샤워하다

(7) 俩 liǎ 둘

23 경험과 임박의 동태

1 다음 문장을 동태조사 '过'를 이용하여 고쳐보세요.

(1) 他来。

          ....

(2) 我也去。

          ....

(3) 他们都去中国。

          ....

(4) 去年我看了一个中国电影。

          ....

(5) 亿万年前这里有恐龙的存在。

          ....

(5) '亿 yǐ'는 '億'의 간체자
恐龙 kǒnglóng 공룡

2 다음 문장을 보기와 같이 각각의 의문문으로 만들어보세요.

> 보기 我去过。   Ⅰ 你去过吗？   Ⅱ 你去过没有？
> Ⅲ 你去(过)没去有？

(1) 我吃过。　　　　　Ⅰ ....　Ⅱ ....
　　　　　　　　　　　Ⅲ ....

(2) 这个歌, 我听过。　Ⅰ ....　Ⅱ ....
　　　　　　　　　　　Ⅲ ....

(3) 他画过油画。　　　Ⅰ ....　Ⅱ ....
　　　　　　　　　　　Ⅲ ....

23 경험과 임박의 동태

3 다음 문장의 틀린 곳을 찾아 바르게 고쳐보세요.

(1) 他从来没有灰心过。

(1) 灰心 huīxīn
실망하다, 낙심하다

(2) 他来中国以前，曾经是过一个中学教员。

(3) 我从来不看过《茶馆》这么好的话剧。

(3) 《茶馆》Cháguǎn、《骆驼祥子》Luòtuo Xiāngzi、《龙须沟》Lóngxūgōu는 중국의 유명한 老舍 LǎoShě (1899-1966)의 대표적 희곡 작품이다.

(4) 道理在过哪儿呢？

(5) 他年轻的时候曾经在中国留学过。

(5) 留学 liúxué
유학하다

(6) 我曾经坐过船去天津。

(7) 明天作过练习，就去王府井买东西。

(7) 王府井 Wángfǔjǐng
왕푸징 거리(베이징)

(8) 午饭，你吃过了吗？还没吃过呢。

4 다음 문장의 (　) 안에 동태조사 '了', '着', '过'를 넣어 중국어로 쓰고 해석해보세요.

(1) Qiántiān wǒ mǎi (　) yí jiàn máoyī.

(2) Yì cháng rèliè de tǎolùn zhèngzài jìnxíng (　).

(2) 场 cháng
비나 병, 논쟁 등을 세는 양사

(3) Wǒ cónglái méi tīngshuō ( ) zhème qíguài de shìr.
....

(4) Xiǎng ( ) xiǎng ( ) xiàoleqǐlai.
....

(5) Nǐ qù ( ) Měiguó méiyou?
....

(6) Wǒmen liǎojiě ( ) bù shǎo qíngkuàng.
....

(7) Míngtiān nǐ jiàn ( ) Zhāng lǎoshī tì wǒ wènhǎo.
....

(8) Wǒmen qù ( ) bù shǎo dìfang, jiùshi méiyou dào ( ) Guìlín.
....

(9) Nà běn zázhì, tā kàn ( ) kàn yòu fànghuiqu le.
....

(10) Māma lǐng ( ) mèimei qù tuō'érsuǒ.
....

(8) Guìlín 桂林 꾸이린
桂林山水甲天下。 Guìlín shānshuǐ jiǎ tiānxià. 꾸이린의 풍경은 세상에서 제일 아름답다.

(9) fànghuiqu 放回去에서 '回去'는 방향보어(→제26장 참조)

5 다음은 기념사진을 보면서 나누는 대화입니다. 중국어로 써보세요.

A : 이 사진 본 적이 있습니까?
....

B : 아니요, 전부 몇 명 있습니까?
....

A : 50명 정도입니다.
....

照片 zhàopiàn 사진

一共 yígòng 모두

左右 zuǒyòu 정도

경험과 임박의 동태 **23**

B : 샤오 리와 샤오 장은 어디에 있습니까?

....

A : 샤오 리는 여기에 서 있고, 샤오 장은 앉아 있습니다.

....

B : 당신은 어디에 있습니까?

....

A : 나는 여기서 있고 웃고 있네요.

....

B : 아, 여기구나.

....

A : 여기는 국립박물관입니다. 가보았나요?

....

B : 안 가 봤어요.

....

A : 그럼, 이번 주 토요일에 수업 마친 후 같이 가자. 어때?

....

B : 너무 좋아요, 같이 가요.

....

小李 Xiǎo-Lǐ 샤오 리

喔 ō 아! 오!(말이나 행동 따위를 이해하였음을 나타냄)

那 nà 그것

6 '곧 …하다' 라는 의미에 주의하여 중국어로 써보세요.

(1) Tā yào huílai le.

....

(2) Qǐng dàjiā zhùyì, huǒchē yào jìn zhàn le.

....

103

(3) Kuài yào fàng shǔjià le, nǐ xiǎng dào nǎr qù lǚxíng?

......

(4) Wǒmen yīyuè èrshiwǔ hào jiù yào kǎoshì le.

......

(5) Diànchē mǎshàng yào kāi le.

......

(5) diànchē 电车 전차

(6) Fēijī jiù yào qǐfēi le ma? Méiyou.

......

(6) qǐfēi 起飞 날다

(7) Zuótiān kèren yào dào de shíhou, wǒ fùqin cái cóng wàibian huílai.

......

7 다음 문장의 ( ) 안에 '快' 또는 '就'를 넣으세요.

(1) 风( )停了。

(2) 明天我( )要回国了。

(3) 眼看( )春节了。

(4) 马上( )要出发了。

(5) 她( )成为科学家了。

(5) 成为 …이 되다

8 다음 문장을 '快(要)…了', '就(要)…了', '马上', '眼看' 등을 이용하여 중국어로 써보세요.

(1) 우리는 곧 졸업할 것이다.

......

(1) 毕业 bìyè 졸업하다

(2) 우리는 3월에 곧 졸업할 예정이다.

......

경험과 임박의 동태 23

(3) 그는 곧 퇴원할 것이다.

....

(4) 그는 다음주 월요일에 퇴원할 예정이다.

....

(5) 4월에 곧 개학할 예정이다.

....

(6) 우리들은 곧 이별할 것이다.

....

(7) 이 빌딩은 곧 완공될 예정이다.

....

(8) 벼는 순식간에 깎일 것이다.

....

(9) 어제 내가 나서려고 할 때 갑자기 비가 내렸다.

....

(10) 옷 다리미질이 곧 끝날 예정이다.

....

(3) 出院 chūyuàn 퇴원하다

(6) 分别 fēnbié 구별하다

(7) 盖好 gàihǎo (건물을) 다 짓다

(8) 稻子 dàozi 벼 割完 gēwán 다 깎다

(9) 出门 chūmén 나가다
忽然 hūrán 갑자기

(10) 熨好 yùnhǎo 다리미질이 끝나다

(7,10) '修好', '熨好'에서 '好'는 결과보어로 쓰여 동작의 완성을 나타낸다.

(8) '割完'에서 '完' 역시 결과보어로 쓰였다.(→제25장 참조)

24 '得' 보어 : 정도보어와 양태보어

1 다음 한어병음을 중국어로 쓰고 번역해보세요.

(1) Wǒ zuìjìn mángde hěn.

(2) Xīnli jíde bùdéliǎo.

(3) Jīntiān lěngjí le.

(4) Tā láide hěn zǎo.

(5) Yǔ xiàde bù xiǎo.

(6) Nǐ shuìde wǎn buwan?

(7) Tā shuōde dàjiā dōu xiào le.

(8) Tāmen niàn kèwén dōu niànde hěn qīngchu.

(9) Nàxiē shēngcí tā yòngde zěnmeyàng?

(10) Háizimen gāoxìngde yòu bèng yòu tiào.

(10) bèng 蹦 뛰어오르다, 뛰다

'得' 보어 : 정도보어와 양태보어 **24**

2 다음 문장을 ( ) 안의 지시에 따라 써보세요.

(1) 你休息得好吗？ (부정으로 대답)
我 ....

(2) 我起得很早。 (정반의문문으로)
你 ....

(3) 他回答得对吗？ (목적어에 '问题'를 더하여)
他 ....

(4) 他们打乒乓球打得不错。 (부사 '都'를 넣어)
他们 ....

(5) 我们特别高兴。 ('不得了'를 사용하여)
我们 ....

3 다음 문장의 틀린 곳을 바르게 고치세요.

(1) 他跑很快。
....

(2) 她唱不唱得好？
....

(3) 妈妈做饭做很好。
....

(4) 老师说话得比较慢。
....

〈여러 가지 스포츠〉
乒乓球 탁구
 pīngpāngqiú
(打)门球 게이트볼
 ménqiú
(打)高尔夫球 골프
 gāo'ěrfūqiú
(踢)足球 축구
 zúqiú
游泳 수영
 yóuyǒng
滑雪 스키
 huáxuě
滑冰 스케이트
 huábīng
(打)垒球 레크
 lěiqiú
爬山 등산
 páshān
(打)网球 테니스
 wǎngqiú
(打)篮球 농구
 lánqiú
跳高 높이뛰기
 tiàogāo
跳远 멀리뛰기
 tiàoyuǎn
(打)羽毛球 배드민턴
 yǔmáoqiú
(打)排球 배구
 páiqiú
(打)保龄球 볼링
 bǎolíngqiú
划船 카누
 huáchuán
马拉松 마라톤
 mǎlāsōng
(打)棒球 야구
 bàngqiú
(打)橄榄球 럭비
 gǎnlǎnqiú
田径赛 육상경기
 tiánjìngsài

(5) 那个孩子写字不写得好。
　　..

(6) 他们来得常常很早。
　　..

(7) 她们都跳舞跳得精彩。
　　..

(8) 小孩儿怕很。
　　..

4 주어진 단어를 이용하여 문장을 만들어 보세요.

(1) [信　写　快　很　他　地　得　了　一　封]

　　a 그는 편지를 쓰는 것이 매우 빠르다.
　　　..

　　b 그는 매우 빨리 편지 한 통을 썼다.
　　　..

(2) [明天　今天　我　早　起　散步　去　得　早上
　　　太　了　公园]

　　a 오늘 아침 나는 너무 일찍 일어났다.
　　　..

　　b 내일 아침 나는 일찍 일어나서 공원에 산책하러 갈 것이다.
　　　..

(3) [他们　工作　得　都　很　地　紧张　现在]

　　a 그들이 일하는 방법은 매우 긴장되어 있다.
　　　..

'得' 보어 : 정도보어와 양태보어 **24**

b 지금 그들은 모두 긴장하면서 일하고 있다.
....

(4) [咱们 她 跑 八点 快 得 很 去 上课
　　现在差五分]

　　a 그녀는 달리기가 매우 빠르다.
....

　　b 8시에 수업인데 지금은 7시 55분이니 모두 빨리 뛰어서 가자.
....

(5) [我们 他们 得 地 仔细 检查 没 不 有
　　发现 错误 会 了 很]

(5) 仔细 zǐxì
错误 cuòwù

　　a 그들의 조사방식은 매우 세심하니까 틀릴 리가 없다.
....

　　b 우리들은 세심하게 조사했지만 틀린 곳을 발견하지 못했다.
....

5 다음 성어를 설명하고 있는 문장에서 밑줄 친 부분을 번역해보세요.

(1) [雨后春笋] yǔ hòu chūn sǔn
　　春天下雨后, 竹笋长得又快又多。
　　比喻新事物大量出现, 蓬勃发展。

(1) 竹笋 zhúsǔn
죽순
比喻 bǐyù 비유하다
蓬勃 péngbó 왕성한 모양, 활기 있는 모양

....

(2) [人山人海] rén shān rén hǎi
　　人像山像海一样。形容人聚合得非常多。

(2) 像…一样 yíyàng
마치 …와 같다
聚合 jùhé 집합하다

....

25　V + 결과보어

1 다음 문장의 밑줄 친 부분에 주의하여 번역해보세요.

(1) a 他<u>写了</u>一本小说。 ....

b 那篇文章他<u>写好了</u>。 ....

(2) a 他昨天<u>洗了</u>一条床单。 ....

b 他<u>没洗干净</u>。 ....

(3) a 她<u>做了</u>两盘菜。 ....

b 她<u>做完了</u>两盘菜。 ....

(4) a 我<u>听</u>中文广播。 ....

b 声音太小，我<u>没听清楚</u>。 ....

(5) a 我们<u>念</u>课文了。 ....

b 应该先<u>念熟了</u>课文，再作练习。 ....

(2) 床单 chuángdān 시트

(3) 盘 pán 접시, 큰 접시에 가득한 것을 세는 양사

(4) 清楚 qīngchu 분명하다, 명백하다

2 다음 I의 동사에 II의 동사 또는 형용사를 조합하여, 주어진 문장을 「동사+결과보어」의 형태로 만드세요.

> I : 安排　画　记　买　睡　听　写　学　吃
> II : 成　到　懂　会　见　着　住　错　惯　好

(1) 귀에 들어오다(들리다)

....

(2) 완전히 외우다

....

懂 dǒng 이해하다

(3) 배워서 할 수 있게 되다
　　　……………………………………………………………

(4) 다 그리다
　　　……………………………………………………………

(5) 듣고 이해하다
　　　……………………………………………………………

(6) 잠들다
　　　……………………………………………………………

(7) 사서 손에 넣다
　　　……………………………………………………………

(8) 잘못 쓰다
　　　……………………………………………………………

(9) 처리 완료하다
　　　……………………………………………………………

(10) 먹는 데 익숙해지다
　　　……………………………………………………………

3 문제2의 1~10을 보기와 같이 '了'를 붙여 말하고, 그것을 정반의문형과 부정형으로 써보세요.

| 보기 | 学好了　　学好了没有　　没(有)学好 |

(1) ……………………　……………………　……………………

(2) ……………………　……………………　……………………

'没(有)学好'는 '还没学好呢'로 써도 상관없습니다.

(3) ....

(4) ....

(5) ....

(6) ....

(7) ....

(8) ....

(9) ....

(10) ....

4 다음 문장을 중국어로 고치고, 병음을 써보세요.

(1) 당신은 이 잡지를 다 읽었습니까?

....

....

(2) 이 소설은 우리들이 중국어로 번역합니다.

....

....

(3) 나는 아직 그 사전을 손에 넣지 않았습니다.

....

....

(4) 어린이들은 침대에 누우면 즉시 잠이 든다.

....

....

(5) 누가 문을 노크하고 있어, 들었니?

(5) 敲门 qiāomén
노크하다

한국에서는 노크할 때 두 번 두드리지만, 중국에서는 세 번이 많습니다.

5 **다음 문장의 잘못된 부분을 바르게 고쳐보세요.**

(1) 这些句子，他能翻译中文成。

(2) 这个笑话真笑了死人了。

(2) '死'는 결과보어로 사용되어 '笑死人'은 '우스워 죽겠다'의 뜻

(3) 大家都打了开书。

(4) 我们决心学汉语好。

(5) 昨天晚上不找到小高。

(6) 孩子们到睡着着了。

(7) 病人睁开着眼睛。

(8) 你能看见清楚黑黑板上的字吗？

(9) 小红不吃完饭，出去了。

(10) 今天晚上没看完这本书不睡觉。

....

6 다음 ①~⑫에 아래의 보기 중에서 가장 적당한 것을 골라 넣으세요. 같은 것을 여러 번 사용해도 됩니다.

보기   下*   见   走   着

小猫   钓   鱼
Xiǎomāo diào   yú

　　老猫 和 小猫 一块儿 在 河边 钓 鱼。
　　Lǎomāo hé xiǎomāo yíkuàir zài hébiān diào yú.

　　一 只 蜻蜓 飞来 了。小猫
　　Yì zhī qīngtíng fēilai le. Xiǎomāo

看① 了, 放② 钓鱼竿, 就 去
kàn le, fàng diàoyúgān, jiù qù

捉 蜻蜓。蜻蜓 飞③ 了, 小猫
zhuō qīngtíng. Qīngtíng fēi le, xiǎomāo

没 捉④, 空着 手 回到 河边 来。一 看, 老猫 钓⑤
méi zhuō, kōngzhe shǒu huídào hébiān lai. Yí kàn, lǎomāo diào

了 一 条 大鱼。
le yì tiáo dàyú.

　　一 只 蝴蝶 飞来 了。小猫 看⑥ 了, 放⑦ 钓
　　Yì zhī húdié fēilai le. Xiǎomāo kàn le, fàng diào

鱼竿 又 去 捉 蝴蝶。蝴蝶 飞⑧ 了, 小猫 又 没
yúgān, yòu qù zhuō húdié. Húdié fēi le, xiǎomāo yòu méi

捉 ⑨ 空着 手 回到 河边 来。一 看,
zhuō kōngzhe shǒu huídào hébiān lai. Yí kàn,

老猫 又 钓⑩ 了 一 条 大鱼。
lǎomāo yòu diào le yì tiáo dàyú.

(10) 조건의 부정은?

* '下'는 동사의 뒤에 붙어서 동작·행위의 결과가 '아래 방향으로 향하는' 것을 나타냅니다.

25 V + 결과보어

小猫 说："真 气 人！我 怎么 一 条 小鱼 也
Xiǎomāo shuō: "Zhēn qì rén! Wǒ zěnme yì tiáo xiǎoyú yě

钓 不着*?"
diào buzháo?"

老猫 看了看 小猫，说："钓 鱼 就 钓 鱼，不要
Lǎomāo kànlekan xiǎomāo, shuō: "Diào yú jiù diào yú, búyào

一会儿 捉 蜻蜓，一会儿 捉 蝴蝶，三 心 二 意*，
yíhuìr zhuō qīngtíng, yíhuìr zhuō húdié, sān xīn èr yì,

怎么 能 钓到 鱼 呢？"
zěnme néng diàodào yú ne?"

小猫 听了 老猫 的 话，就 一 心 一 意地
Xiǎomāo tīngle lǎomāo de huà, jiù yì xīn yí yì de

钓 鱼 了。
diào yú le.

蜻蜓 又 飞来 了，蝴蝶 又 飞来 了，小猫 理
Qīngtíng yòu fēilai le, húdié yòu fēilai le, xiǎomāo lǐ

也 不 理，就 像 没 看 ⑪ 一样。
yě bù lǐ, jiù xiàng méi kàn yíyàng.

不 大 一会儿，小猫 也 钓 ⑫
Bú dà yíhuìr, xiǎomāo yě diào

了 一 条 大 鱼。
le yì tiáo dà yú.

동사와 결과보어 사이에 [V+不+결과보어]의 형태로 '不'가 들어가서 '~할 수 없다'라는 뜻이 됩니다.

'三心二意'는 여러 가지로 정신이 흩어져서 한 가지 일에 집중할 수 없음을 말하는 성어. 반대는 '一心一意'.

① .... ② .... ③ ....
④ .... ⑤ .... ⑥ ....
⑦ .... ⑧ .... ⑨ ....
⑩ .... ⑪ .... ⑫ ....

26 방향보어

1 다음 ( ) 안에 제시된 화자의 위치에 따라, 방향보어 '来'나 '去'를 넣으세요.

(1) 外边很冷, 快进[   ]吧。　　　　　　　　　(집 안)

(2) 他刚出[   ]。　　　　　　　　　　　　　　(집 안)

(3) 他没有回宿舍[   ]。　　　　　　　　　　　(숙소에 없음)

(4) 我爱人带回[   ]一束鲜花。　　　　　　　　(집 안)

(5) 他从中国带回[   ]不少著名的小说。　(중국에 있지 않다)

(6) 晒的衣服从楼上掉下[   ]了。　　　　(아래층에 있다)

(7) 代表团团长第一个从飞机上走下[   ]。(비행기 내에 있다)

(8) 到了公园, 向导先走了进[   ]。　　　　(공원 밖에 있다)

(9) 河水已经漫上岸[   ]了。　　　　　　　　(언덕에 있다)

(10) 田大爷回过头[   ], 打断了我说的话。　(이쪽에 있다)

(5) 著名 zhùmíng 유명하다
(6) 晒 shài 햇볕에 말리다
(8) 向导 xiàngdǎo 길을 안내하다, 지도자
(9) 漫 màn 천천히

2 다음의 1~10번의 방향보어를 수반하는 동사구에 각각 주어진 목적어를 써넣으세요.

　　　　(동사구)　　(목적어)

(1) 回去　　　　家　　　　............................

(2) 进去　　　　城　　　　............................

(3) 寄去　　　　一封信　　............................

(4) 买来　　　　两斤葡萄　............................

(5) 走进来　　　车间　　　............................

(6) 爬上去　　　长城　　　............................

(5) 车间 chējiān 작업장

(7) 拿下来　　一本中文书　　................................

(8) 下起来　　雨　　　　　　................................

(9) 转过去　　身　　　　　　................................

(10) 跳起来　　舞　　　　　　................................

(9) 转身 zhuǎnshēn
돌아서다,
몸을 돌리다

3 다음 문장에서 틀린 곳을 고치세요.

(1) 大夫下来楼了。

....

(2) 倒来一杯水！

....

(2) 倒 dǎo 넘어지다
dào 뒤집히다
dào 따르다

(4) 鼓掌 gǔzhǎng
박수치다

(3) 汽车不能开公园里进来。

....

(4) 大家鼓掌了起来。

....

(5) 他转脸过来，我才认出他。

....

4 다음 문장을 번역해보고, 방향보어에 밑줄을 그어보세요.

一包钱

　　一天早上，太阳刚出来，十一岁的张小华又跑又跳地去上学。快到学校的时候，她发现路旁的草里有一个小纸包儿，捡起来一看，是个旧信封，里边装着五十块钱。张小华想："丢钱的人大概是从乡下到城里来买东西的，我一定要找到这个人，把*钱交给他。"她又想："丢钱的人也许会回来找的，就站

* 把 bǎ
(➜제31장 참조)

방향보어 **26**

在那儿等着。"

　　过了一会儿，一个五六十岁的老大爷走过来了，他一边走一边往地上看。张小华想："这大概就是丢钱的人。"就跑过去问："老大爷，您丢东西了吗？"

　　"是啊，小姑娘，你看到一个小纸包儿没有？"

　　张小华一听，就高兴地把纸包儿拿出来，说："这是您的吧？"

　　老大爷接过*纸包儿说："是我的。小姑娘，谢谢你。你叫什么名字啊？"

　　"老大爷，不用谢。这是我应该做的事情。"

　　小华说完就向学校跑去了。

* 接过, 过, 过
(➜제27장 참조)

27 방향보어의 파생의

1 1~5의 동작을 보기1과 보기2의 방향보어를 조합하여 표현해보세요.

> 보기1　收　脱　关　醒　接
> 보기2　起来　过　下来　过来　上

(1) 창문을 _____

(2) 지갑을 _____

(3) 세탁물을 _____

(4) 코트를 _____

(5) 겨울잠에서 _____

2 파생의를 이용하여 다음 문장을 써보세요.

(1) 보아하니, 그는 40세 정도이다.

　　...

(2) 말하기도 쉽고, 행동하기도 어렵다.

　　...

(3) 회사의 전화번호는 내가 적어두었다.

　　...

(3) 电话号码
dianhuà hàomǎ
전화번호

(4) 이 프로그램은 재미가 없어서 계속 보고 싶지 않다.

(4) 节目 jiémù
프로그램

(5) 그는 분명히 너한테 반했나봐.

(5) 一定 yídìng
반드시

(6) 비가 내리기 시작했다.

3 다음 보기에서 알맞은 방향보어를 찾아쓰고 번역해보세요.

보기   起来   下来   下去   上去   上来   过去   过来

(1) 他已经不在我们厂工作了，早就调 [　　] 了。

(1) 调 diào 이동하다, 조사하다

(2) 请大家把雨衣脱 [　　] 挂在这儿。

(2,6,8) '把'는 뒤에 있는 목적어를 앞으로 도치한다. (←제31장 참조)

(3) 汽车停 [　　] 了。

(4) 天黑了，我们不能再走 [　　] 了。

(5) 他一天一天地胖 [　　] 了。

(6) 把电话号码写 [　　] 吧。

(7) 她醒 [　　] 了，第一句就问孩子们在哪里。

(7) 醒 xǐng (잠에서) 깨다

(8) 快把玩具收 [　　] 吧。

(9) 她昏 [　　] 了，赶快送医院抢救。

(10) 看 [　　]，这件事他不会反对的。

(8) 玩具 wánjù 완구

(9) 赶快 gǎnkuài
빨리
抢救 qiǎngjiù
응급처치하다

28 결과보어·방향보어의 가능형

1 다음 보기와 같이 '得'와 '不'를 이용하여 가능보어 형태로 만들어보세요.

보기
回来 → 回得来 / 回不来 → 回得来回不来?
긍정 回得来。 ≒ 能（可以）回来。 / 能（可以）回得来。
부정 回不来。

(1) 上去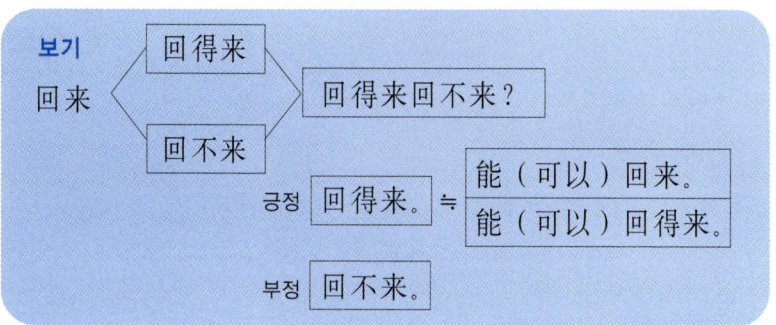

(2) 拿下来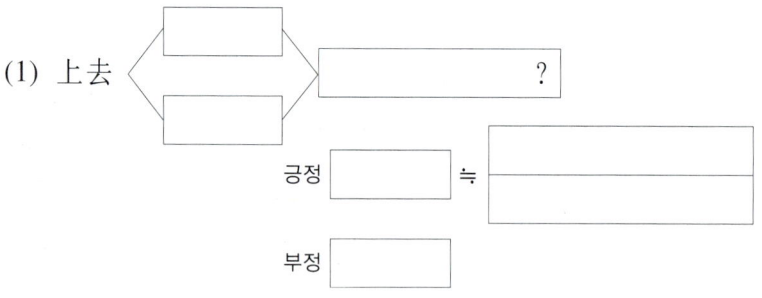

28 결과보어·방향보어의 가능형

2 다음 결과보어를 문제1과 같이 '得' 또는 '不'를 이용하여 가능보어로 만들어보세요.

(1) 看见

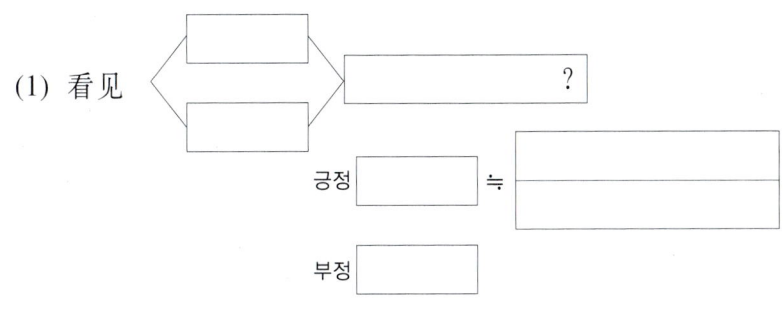

(2) 买到

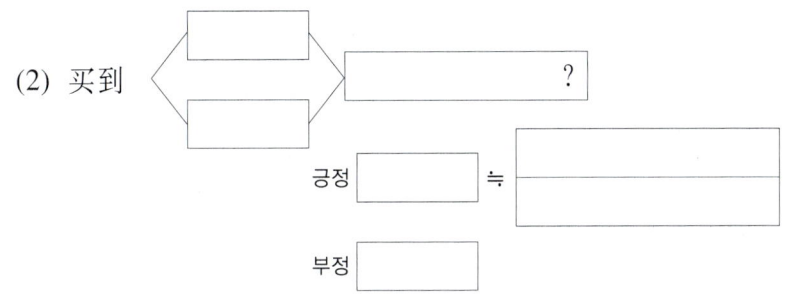

3 다음 수수께끼를 풀어보세요.

(1) 看不见, 摸不着,
Kànbujiàn, mōbuzháo,

天天 吃, 吃不饱,
tiāntiān chī, chībubǎo,

人人 离不开,
rénrén líbukāi,

万物 都 需要。
wànwù dōu xūyào.

(2) 看不出, 摸得出,
Kànbuchū, mōdechū,

等到 摸不出,
děngdào mōbuchū,

大家 流 眼泪。
dàjiā liú yǎnlèi.

(2)

4 다음 밑줄 친 부분(가능보어)에 근거하여 번역해보세요.

(1) 下午四点半以前做得完今天的作业吗?

(2) 地方太窄，汽车拐不过弯来。

(3) 他半天说不出话来。

(4) 那个剧场坐不下五百人。

(5) 老师病了，明天上不了课。

(6) 这么多茅台酒，你喝得了喝不了？

(7) 我作这些练习用不了两个小时。

(8) 你不用帮我了，我自己拿得动这些东西。

(9) 这个戒指太贵，我买不起。

(10) 那个菜太辣了，吃不得。这个不辣，吃得。

5 다음 문장을 '动, 不, 起, 了' 중 어느 하나를 선택하여 가능보어 형태로 써보세요.

(1) 나는 오늘 피곤해서 걸을 수 없다.

---

(2) 窄 zhǎi 좁다

(2,3,5)의 '拐弯'、'说话'、'上课'는 모두 '동사+목적어' 형태의 이합사이다.
'弯'、'话'、'课'의 목적어와 방향보어가 결합하는 경우, 예를 들어 '拐弯'에서
× 拐弯不过来
× 拐不过来弯
○ 拐不过弯来가 올바른 표현이다.

(6) 茅台酒 Máotáijiǔ 중국 귀주성(贵州省)에서 나는 유명한 술 白酒 báijiǔ 배갈, 백주

(10) 吃不得 chībude (맛이 없어서) 먹을 수 없다
吃得 chīde 먹을 수 있다
'吃得得'라고 쓰지 않는다.

(1) 累得 lèide 피곤하다

(2) 이 방은 너무 작아서, 5명이 거주할 수 없다.
....

(2) 房间 fángjiān 방

(3) 나는 이미 배가 불러서, 먹을 수가 없다.
....

(4) 정말 죄송합니다만, 오늘 저녁에는 갈 수 없게 되었다.
....

(4) 抱歉 bàoqiàn 사과하다

(5) 나는 저 카메라가 마음에 들었지만, 가격이 너무 비싸서 살 수 없다.
....

(5) 架 jià 받침대가 있는 물건이나 기계 장치가 되어 있는 것 따위를 세는 단위
看中 kànzhòng (보고) 마음에 들다
价钱 jiàqian 가격

6 각 문장의 밑줄 부분은 숙어로 상용되는 것입니다. 우리말로 번역하세요.

(1) 我辜负了你的期望，很<u>对不起</u>你。
....

(1) 辜负 gūfù (호의, 기대, 도움 따위를) 헛되게 하다, 저버리다

(2) 你这样做<u>对得起</u>你妈妈吗？
....

(3) 窗户忘关了，<u>怪不得</u>这么冷。
....

(4) 王老师回家后<u>顾不得</u>休息，就又准备第二天的课了。
....

(4) 顾不得 gùbude (~할) 여유가 없다

(5) 他们俩非常<u>合得来</u>，整天在一起学习和工作。
....

(6) 听了我的话，他<u>禁不住</u>哈哈大笑起来。
....

(6) 禁不住 jīnbuzhù (사람이나 사물이) 이겨내지 못하다, 참지 못하다

결과보어·방향보어의 가능형 **28**

(7) 她谁都看不起，就看得起自己。

　　..

(8) 大家都知道，他是一个靠不住的人。

　　..

(9) 已经十一点了，这件事今天来不及做了，明天再做吧。

　　..

(10) 今天的音乐会七点开始，骑自行车还来得及。

　　..

(7) 就 jiù 오직, 단지, 다만

29 동량·시량·차량

1 다음 보기에서 알맞은 보어를 찾아 ( ) 안에 넣고 읽어보세요.

> 보기   一遍   一眼   一顿   一番   一次   一趟
>   三天   一会儿   一下   一点儿

(1) 那个问题，他们讨论过（　　）。

(2) 这篇文章我从头到尾看了（　　）。

(3) 上月他去了（　　）南京。

(4) 调查研究（　　）。

(5) 他骂了（　　）。

(6) 他在这儿等（　　），他马上就来。

(7) 他看了我（　　），就低头叹了一口气。

(8) 他在路上走了整整（　　）。

(9) 走这么多路，实在太累，歇（　　）吧！

(10) 他今天比昨天好（　　）。

(8) 整整 zhěngzhěng 꼬박
(9) 歇 xiē 쉬다

2 다음 병음을 중국어로 써보세요.

(1) Wǒ jiànguo tā yí cì.

(2) Dàifu láiguo zhèr liǎng huí.

(3) Wǒ qùle hǎo jǐ tàng, cái zhǎodào tā.

(3) hǎojǐ 好几
(꽤) 여러, 몇 (양사 또는 시간사 앞에 쓰여 많거나 오래 되었음을 나타낸다)

(4) Yì tiān chī sān dùn fàn.
....

(5) Wǒmen zuò chē zuòle sìshí duō fēn zhōng.
....

(6) Tāmen shàngle liǎng ge xiǎoshí (de) kè.
....

(7) Wǒ gēge bìyè sān nián le.
....

(8) Zhè zhǒng yuánzhūbǐ bǐ nà zhǒng piányi yìdiǎnr.
....

3 다음 문장의 틀린 부분을 바르게 고쳐보세요.

(1) 他去年回了国一次。
....

(2) 她朝我点了头一下。
....

(2) 朝 cháo
~을 향하여

(3) 咱们打球一场，怎么样？
....

(4) 我们问过几次他。
....

(5) 中国已经四十多年解放了，发生了很大的变化。
....

(6) 我学了英文六年，学了中文一年。

....

(7) 我只看漫画看了一个半小时。

....

(8) 我妹妹要学法文学两年。

....

(9) 他来半年中国了。

....

(10) 他比我一点儿大。

....

4 주어진 단어를 이용하여 문장을 만들어보세요.

(1) 나는 그를 한 번 타일렀다.
　　[劝　我　他　了　一番]

....

(1) 劝 quàn 권고하다, 타이르다

(2) 어제 나는 그에게 전화를 2번 했지만, 통화하지 못했다.
　　[昨天　电话　给　打　你　我　了　打通　都　没　两回]

....

(3) 너 갈 때 선생님께 이야기해라.
　　[时候　一声　告诉　的　老师　你　走]

....

(4) 그들은 단지 2시간 동안만 TV를 시청했다.
　　[看　看　他们　小时　两个　只　了　电视]

....

29 동량·시량·차량

(5) 그들 반 학생은 우리반보다 5명이 더 많다.
　　[五个　班　班　比　的　的　他们　我们　多　学生]

5 다음 문장을 중국어로 써보세요.

(1) a 당신은 중국에 가본 적이 있습니까?

　　b 나는 2번 가본 적이 있습니다.

(2) a 당신은 중국어를 배운 적이 있습니까?

　　b 대학에서 제2외국어로 단지 2년간 배웠는데,
　　　 이미 졸업한 지 3년이 되어서, 모두 잊어버렸다.

(2) 作为第二外语 zuòwéi dì'èr wàiyǔ
제2외국어로
忘光 wàngguāng
에서 '光'은 결과보어로 쓰여 '완전히 잊어버리다' 라는 뜻을 나타낸다.

(3) a 중국어는 얼마나 배워야 말을 할 수 있습니까?

　　b 나는 한 친구가 있는데, 그는 중국에 가서 1년 동안
　　　 유학했는데, 능숙하게 말한다.

(3) 留学 liúxué
유학하다

(4) a 최근 그녀는 만났습니까?

　　b 지난달에 그녀를 만났는데, 마침 그녀는 결혼한 지
　　　 1년이 조금 넘었는데 이전보다 살이 쪘다.

30 비교의 표현법

1 다음 그림을 보고 ( ) 안의 지시에 따라 비교문을 만들어보세요.

(1)  这 那
- (긍정) 这棵树 _____ 高。
- (부정) 那棵树 _____ 高。

(2)  这 那
- (긍정) 这座楼 _____ 矮。
- (부정) 那座楼 _____ 矮。

(3)  这 那
- (긍정) 这本书 _____ 厚。
- (부정) 那本书 _____ 厚。

(4)  五岁 三岁
- (연령차) 这个男孩儿 _____
- (연령차) 那个女孩儿 _____

(5) 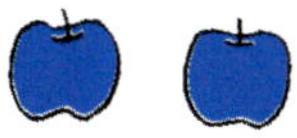 这 那
- (긍정) 这个苹果 _____ 大。

※다음 수수께끼를 풀어보세요.
长的比短的少,
短的比长的多,
短的用脚踩,
长的用手摸,

(1) 棵 kē 그루, 나무를 세는 양사

(2) 座 zuò 개, 동. 건물을 세는 양사

2 다음 문장을 중국어로 써보세요.

(1) 그녀의 셔츠는 내 것보다 훨씬 비싸다.

_____

(2) 오늘 시험은 어제보다 훨씬 어렵다.

_____

(1) 衬衫 chènshān 셔츠

(3) 그녀는 누구보다도 친절하다.

(3) 热情 rèqíng
마음이 따뜻하다,
친절하다

(4) 그의 오토바이는 내것과 다르다.

(4) 摩托车
mótuōchē
오토바이

(5) 그녀는 그녀의 언니보다 친절하지 못하다.

3 다음 문장의 틀린 곳을 바르게 고치세요.

(1) 这辆汽车比那辆非常新。

(2) 今年的产量比去年的一倍多。

(3) 论技术，我们都没有张师傅。

(3) 论 lùn 토론하다,
언급하다, ~을 가지
고 논하다

(4) 这件事有那件事更重要吗？

(5) 那个箱子有这个箱子一样重。

4 다음 주어진 단어를 이용하여 문장을 만들어보세요.

(1) 한국인은 중국인보다 쌀을 먹는 것을 좋아한다.
　　[吃　喜欢　中国人　大米　韩国人　比]

(2) 이 소설은 저 소설보다 재미있지 않다.
[这 那 没有 有意思 小说 那么 篇 篇]

....

(3) 언니는 나보다 늦게 잔다.
[我 我 比 姐姐 得 一点儿 睡 晚]

....

(4) 날씨가 나날이 추워진다.
[一天 一天 天气 起来 比 了 冷]

....

(5) 너 혼자 가는 것보다는 우리들이 함께 가는 것이 좋다.
[一个人 不如 我们 去 一起 大家 去 你]

....

5 다음 밑줄 친 부분에 주의하여 번역해보세요.

(1) A：这件衣服很好看。
   B：你看，那件衣服也很好看。那件衣服不比这件难看。

....

(2) A：他的工作很辛苦。
   B：我的工作也不比他的轻松。

....

(3) A：这次排球比赛，小王参加。
   B：他个子不高，你来参加吧。
   A：我个子不比他高。

....

(4) A: 这附近有安静的地方吗？
　　B: 那儿很安静，我们去那儿吧。
　　A: 那儿并不比这儿安静。

(5) 这种啤酒不比青岛啤酒差。

(4) 并 bìng 결코, 조금도, 전혀
(부정부사 '不'、'没有' 앞에 쓰여 부정의 어기를 강조한다.)

31 '把' 구문

1 다음 각 항의 a는 보통서술문이고 b는 把자문입니다. 각 문장의 차이를 이야기해보고 b의 한어병음을 표시해보세요.

(1) a 他看完那本连环画了。
    b 他把那本连环画看完了。

(2) a 他已经拿走了那份文件。
    b 他已经把那份文件拿走了。

(3) a 你关好窗户吧!
    b 你把窗户关好!

(4) a 我丢了钱包。
    b 我把钱包丢了。

(1) 连环画 liánhuánhuà
연속 그림책, 그림 이야기책

2 다음 각 문장을 해석하고, 보기와 같이 결과보어를 ☐+☐ 안에 표시해 보세요.

보기   他把练习作完了。 + 결과보어 '完', '了'

(1) 他们把生日蛋糕吃了。   +

(2) 你把介绍信拿着。   +

(1) 蛋糕 dàngāo
케이크

(3) 你一定要把这个工作搞好。 +

....

(4) 我把那五块钱还你。 +

....

(5) 春天了，把大衣收起来吧。 +

....

(6) 他把台词背得很熟了。 +

....

(6) 台词 táicí 대사
背 bēi 짊어지다
  bèi 암송하다

(7) 你把桌子擦擦。 +

....

(8) 别把西瓜皮满地乱扔！ +

....

3 주어진 단어를 이용하여 '把'자문을 만들어보세요.

(1) [放在 那个小孩儿 自己的衣服 床上 了 把]

....

(2) [存在 她 每个月 省下来的钱 银行里 把]

....

(3) [翻译成 请 日语 下列的句子 把]

....

(4) [介绍给 领队 我们 篮球队的队员 了 把]

....

(4) 领队 lǐngduì
대열, 군대를 인솔하다, 대장, 인솔자

4 다음 문장의 틀린 부분을 바르게 고쳐보세요.

(1) 他把他朋友的信带。

　　..

(2) 我把那首歌曲知道。

　　..

(3) 同学们今天把这篇文章写得完。

　　..

(4) 那个作家把他的新小说还没写好。

　　..

(5) 你们今天一定把这些练习要作完。

　　..

5 다음 문장을 번역해보세요.

一　粒　种子
YI　LI　ZHONGZI

一　粒　种子　睡在　泥土　里。他　醒过来，觉得　很
Yí　lì　zhǒngzi　shuìzài　nítǔ　li.　Tā xǐngguolai, juéde　hěn

暖和，就　把　身子　挺一挺。
nuǎnhuo, jiù　bǎ　shēnzi　tǐngyitǐng.

挺 tǐng (몸이나 몸의 일부분을) 곧게 펴다

他　有点儿　渴，喝了　一　口　水，觉得　很　舒服，
Tā　yǒudiǎnr　kě,　hēle　yì　kǒu　shuǐ, juéde　hěn　shūfu,

又　把　身子　挺一挺。
yòu　bǎ　shēnzi　tǐngyitǐng.

春风　轻轻地　吹着。种子　问　蚯蚓："外面　是
Chūnfēng qīngqīngde chuīzhe. Zhǒngzi wèn qiūyǐn: "Wàimian shì

什么　声音？"
shénme shēngyīn?"

蚯蚓 지렁이

'把' 구문 31

蚯蚓 说:"那 是 春风。
Qiūyǐn shuō: "Nà shì chūnfēng.

春风 招呼 咱们 到 外边 去。"
Chūnfēng zhāohu zánmen dào wàibian qù."

"外边 什么 样儿? 也 这么 黑 吗?"
"Wàibian shénme yàngr? Yě zhème hēi ma?"

"不,外边 亮得 很。"蚯蚓 一边 说,一边 往 外
"Bù, wàibian liàngde hěn." Qiūyǐn yìbiān shuō, yìbiān wǎng wài

钻,"我 来 帮 你 松一松 土,你 好 钻出去。"
zuān, "Wǒ lái bāng nǐ sōngyisōng tǔ, nǐ hǎo zuānchuqu."

种子 听了 很 高兴,又 把 身子 挺一挺。
Zhǒngzi tīngle hěn gāoxìng, yòu bǎ shēnzi tǐngyitǐng.

春风 在 唱歌,泉水 在 唱歌,小鸟 在 唱歌,
Chūnfēng zài chànggē, quánshuǐ zài chànggē, xiǎoniǎo zài chànggē,

小朋友 也 在 唱歌。种子 听见 外边 很 热闹,
xiǎopéngyou yě zài chànggē. Zhǒngzi tīngjian wàibian hěn rènao,

连忙 说:"啊,我 要 赶快 出去!"
liánmáng shuō: "À, wǒ yào gǎnkuài chūqu!"

种子 又 把 身子 挺一挺,眼前 突然 一 亮,
Zhǒngzi yòu bǎ shēnzi tǐngyitǐng, yǎnqián tūrán yí liàng,

啊,好 个 光明 的 世界!
à, hǎo ge guāngmíng de shìjiè!

'好钻出去'에서 '好'는 '~할 수 있다, ~하기에 편리하다' 라는 뜻을 나타냅니다.

'钻'은 송곳 등으로 구멍을 뚫는 동작으로 저항이 있는 곳을 통과하는 것을 말합니다.

'好个光明的世界' '好'는 부사, 형용사를 수식해서 그 정도가 심한 것을 나타내며, 감탄의 어기를 포함합니다. '个'에 대해서는 '好'가 이음절 형용사 '光明'을 수식하고 그것이 뒤의 명사 '世界'의 관형어가 되는 경우 일반적으로 '个'나 '一个'가 그 사이에 쓰입니다.

32 '被' 구문

1 다음 문장을 번역해보세요.

(1) 门关上了。

(2) 北京解放了。

(3) 各种各样的药送来了。

(4) 小明这个孩子惯得越来越不像话了。

(4) '小明'과 '这个孩子'는 동격
惯 guàn 익숙해지다, 습관이 되다
不像话 bú xiànghuà (언어나 행동이) 말이 아니다, 말도 되지 않는다

(5) 那个人救上来了，但救他的班长却牺牲了。

(5) 却 què 오히려
牺牲 xīshēng 희생하다

2 다음 문장에서 피동을 나타내는 곳에 밑줄을 긋고 번역해보세요.

(1) 我的秘密被他说破了。

(2) 听说他被她甩了，你知道吗？

(2) 甩 shuǎi 떼버리다, 뿌리치다

(3) 小王被选作学校代表了。

(4) 我深深地被赵大叔的话所感动。

(5) 他叫雨淋了以后，病了三天。
....

(6) 外宾丢失的手表让一个小学生捡着交给警察了。
....

(7) 好好的一本书让孩子给撕破了。
....

3 다음 '把'자문을 '被'를 이용하여 고쳐보세요.

(1) 那个小偷把剩下的钱偷走了。
....

(2) 我弟弟把电视机弄坏了。
....

(3) 洪水把那块大石头冲得没影儿了。
....

(4) 敌人把那个村子围了三天三夜。
....

(5) 孩子们把院子里的雪扫到一边去了。
....

(5) 淋 lín (비를) 맞다, (비에) 젖다

(6) 外宾 wàibīn 외빈, 외국 손님
捡 jiǎn 줍다
警察 jǐngchá 경찰

(7) 撕 sī 찢다, 뜯다

(3) 洪水 hóngshuǐ 홍수
冲 chōng 가시다

(5) 扫 sǎo 쓸다, 제거하다

'被' 구문 32

4 다음 문장의 틀린 부분을 바르게 고쳐보세요.

(1) 桌子上的东西被人没动过。

(2) 院子里的花儿叫摘了。

(2) 摘 zhāi 따다, 발췌하다

(3) 那些画儿让他有。

(4) 我的眼镜被孩子踩。

(5) 晚饭还让奶奶做不完。

(6) 那条鱼被一只猫刚叼跑了。

(6) 叼 diāo 입에 물다

5 다음 주어진 단어를 이용하여 중국어로 써보세요.

(1) 衣服 破 他 了 撕

(2) 衣服 好 了 妈妈 做

(3) 米饭 煮 她 糊 了

(3) 糊 hú 타다

(4) 米饭 好 我 煮 了

141

'被' 구문 32

(5) 自行车　偷　小偷儿　没　走

(6) 自行车　来　他　领　回　了

(7) 麦子　淋　雨　了　已经

(8) 我们　吓　困难　没有　到　从来

(9) 今天　放　哪儿　的　报　在　了

(10) 报纸　来　他　买　了

(8) 吓 xià 놀라다, 놀라게 하다
倒 dǎo 넘어지다, 자빠지다
'病倒了'、'打倒'에서 '倒'는 결과보어

33 연동문(2)

1 다음 보기와 같이 겸어에는 ___을, V₁, V₂에는 □로 표시하고 번역해보세요.

> 보기 老师 [让] 我们 [背] 书。

(1) 爸爸不让弟弟看电视。

(2) 妈妈叫我早点儿给她写信。

(3) 虚心使人进步，骄傲使人落后。

(3) 虚心 xūxīn 겸허하다
骄傲 jiāo'ào 교만하다

(4) 他请我们去他家玩儿。

(5) 他派两个神仙把座山背走了。

(5) 神仙 shénxian 신선

(6) 我们班有两个同学去过中国。

2 다음 문장을 번역해보세요.

(1) 大家都有饭吃，有衣服穿，有房子住。

(2) 我有事跟你商量。

(3) 我有办法解决困难。

(4) 我没有工夫跟着你到处乱跑。

....

(5) 他没有资格参加这次比赛。

....

(4) 到处 dàochù
가는 곳, 도처
乱跑 luànpǎo
제멋대로 뛰어다니다

3 다음 보기에서 알맞은 단어를 찾아 쓰세요.

> 보기   让   叫   请   使   派   有   没有

(1) ☐ 你久等了，真抱歉！

(2) 爸爸 ☐ 弟弟去找张大叔。

(3) ☐ 我好好地想一想吧！

(4) 处理这件事，☐ 他去最合适。

(5) 这个消息 ☐ 我们一家人很伤心。

(6) 我想 ☐ 他进几句话。

(7) 我 ☐ 一个中国朋友叫王明。

(8) 我们 ☐ 工夫玩儿，也 ☐ 钱去外国旅行。

(3) 伤心 shāngxīn
슬퍼하다,
마음 아파하다

4 다음 병음을 중국어로 쓰고 번역해보세요.

(1) Zhèxiē dōngxi shì shéi ràng nǐ dàilai de?

....

(2) Ràng wǒmen yǒngyuǎn shēnghuózài yìqǐ.

....

(3) Tāmen tiàowǔ tiàode hěn hǎo, dàjiā yòu qǐng tāmen tiàole yí biàn.

....

(4) Zuótiān de shì shǐ tā de qíngxù yǒuxiē bōdòng.
....

(5) Tā tuìxiū yǐhòu, chéngtiān méiyou shì gàn.
....

(4) qíngxù 情绪
정서, 기분, 마음가짐
bōdòng 波动
파동, 동요하다, 술렁거리다
(5) chéngtiān 成天
종일, 온종일

5 다음 주어진 우리말을 중국어로 고치세요.

(1) a 오래 기다리셨습니다, 죄송합니다.
....

b 아니요, 저도 지금 막 왔어요.
....

(2) a 쳬선생님의 가르치는 방식은 어떻습니까?
....

b 쳬선생님은 매일 우리들에게 새 단어를 외우게 합니다.
....

(3) a 샤오 리가 내일 우리들에게 중국요리를 대접해준다고 합니다.
....

b 그거 좋군요.
....

(4) a 운전사 아저씨, 오른쪽으로 돌아주세요.
....

b 이 길은 자동차가 들어가서는 안 되는 곳입니다.
....

(5) a 외국 유학을 희망하는 학생이 많군요.

(4) 师傅 shīfu 스승, 사부, 선생
司机 sījī 운전사, 조종사

(5) 派 pài 물결

33 연동문(2)

b 예, 이 2~3년 우리나라는 많은 학생을 유학 보내고 있습니다.

丁丁的手

上课时，老师发现丁丁的手很脏，就让他站起来。

"丁丁，把你的手伸出来让大家看看。"丁丁怯怯地伸出了右手。

老师说："如果你能从教室里找一只比这只手更脏的手，我就让你坐下。"

丁丁连忙伸出左手，得意地说："这不是一只更脏的手吗？"

丁丁 Dīngding 인명
脏 zāng 불결하다
怯怯地 qièqiède (겁에 질려) 조심조심하다
如果 rúguǒ 만약 …라면
不是…吗 (반어적 표현) …가 아닌가

34 > 어기조사 · 반어문

1 다음 문장을 어기조사에 주의하여 번역해보세요.

(1) 我现在还有事，不能去俱乐部了。

(1) 俱乐部 jùlèbù
클럽

(2) 我一辈子也不会忘记的。

(2) 一辈子 yíbèizi
한평생, 일생

(3) 日子过得真快啊！

(4) 小张，你不去北京呀？

(5) 就这样吧，我走了。

(6) 你别管这些闲事吧。

(6) 闲事 xiánshì
중요하지 않은 일
管闲事 guǎn xiánshì
남의 일에 참견하다

(7) 这是怎么回事呢？

(8) 大约十天以前吧，他曾给我来过一封信。

(9) 这本小说是反映农村生活的，那本呢？

(10) 小孩儿嘛，哪有不爱玩儿的。

2 다음 보기에서 알맞은 어기조사를 찾아 □안에 써보세요.

> 보기   啊   吧   的   呢   嘛

(1) 他看电影，你 □ ?

(2) 快走 □ ，不然该晚了。

(3) 我是同意你的意见 □ 。

(4) 天气多么好 □ !

(5) 大学生 □ ，就应该努力学习。

(2) 不然该晚了
그렇지 않으면 늦을 거야.

3 다음은 중국의 시인이자 산문가인 朱自清 Zhū Zìqīng(1898~1948)의 명문《匆匆 Cōngcōng》의 일부입니다. □안의 어기조사 용법에 주의하여 읽어보세요.

匆 匆
CONGCONG

燕子 去 了, 有 再 来 的 时候; 杨柳 枯 了,
Yànzi qù le, yǒu zài lái de shíhou; yángliǔ kū le,

有 再 青 的 时候; 桃花 谢 了, 有 再 开 的 时候。
yǒu zài qīng de shíhou; táohuā xiè le, yǒu zài kāi de shíhou.

但是, 聪明 的*, 你 告诉 我, 我们 的 日子 为
Dànshì, cōngming de, nǐ gàosu wǒ, wǒmen de rìzi wèi

什么 一 去 不 复 返 呢? — 是 有 人 偷了 他们
shénme yí qù bú fù fǎn ne? — Shì yǒu rén tōule tāmen

罢*: 那 是 谁? 又 藏在 何处* 呢? 是 我们 自己
ba: Nà shì shéi? Yòu cángzài héchù ne? Shì tāmen zìjǐ

逃走 了 罢: 现在 又 到了 哪里 呢?
táozǒu le ba: Xiànzài yòu dàole nǎli ne?

在 逃去 如 飞 的 日子 里, 在 千门 万户*
Zài táoqu rú fēi de rìzi li, zài qiānmén wànhù

的 世界 里 的 我 能 做 些 什么 呢? 只 有 徘徊
de shìjiè li de wǒ néng zuò xiē shénme ne? Zhǐ yǒu páihuái

罢了; 只 有 匆匆 罢了; 在 八千 多 日 的*
bàle; zhǐ yǒu cōngcōng bàle; zài bāqiān duō rì de

匆匆 Cōngcōng

* '聪明的'는 '你'와 동격이다.
* '罢'는 '吧'와 동일하다.
* 何处 = 哪里

* 千门万户
qiān mén wàn hù
인가(人家)가 조밀하다

어기조사 · 반어문 34

匆匆　里,　除　徘徊　外,　又　剩　些　什么　呢? 过去
cōngcōng li, chú páihuái wài, yòu shèng xiē shénme ne? Guòqu

的　日子　如　轻烟,　被　微风　吹散　了,　如　薄雾,　被
de rìzi rú qīngyān, bèi wēifēng chuīsàn le, rú bówù, bèi

初阳　　蒸融　了; 我　留着　些　什么　痕迹　呢? 我
chūyáng zhēngróng le; wǒ liúzhe xiē shénme hénjì ne? Wǒ

何曾* 留着　像　游丝* 样　的　痕迹　呢? 我　赤裸裸*
hécéng liúzhe xiàng yóusī yàng de hénjì ne? Wǒ chìluǒluǒ

来到　这　世界,　转眼间　也　将　赤裸裸的　回去　罢?
láidào zhè shìjiè, zhuǎnyǎnjiān yě jiāng chìluǒluǒde huíqu ba?

但　不　能　平　的,　为　什么　偏　要　白白　走　这　一
Dàn bù néng píng de, wèi shénme piān yào báibái zǒu zhè yì

遭　啊?
zāo a?

　　　你　聪明　的,　告诉　我,　我们　的　日子　为　什么
　　　Nǐ cōngming de, gàosu wǒ, wǒmen de rìzi wèi shénme

一　去　不　复　返　呢?
yí qù bú fù fǎn ne?

* '何曾'은 '何尝' 같다. '언제 …한 적이 있었느냐'의 의미
* 游丝 yóusī 아지랑이
* 赤裸裸 chìluǒluǒ 벌거벗은, 적나라하다

4 다음 문장을 번역하고, 반어를 나타내는 표현에 ＿ 을 그으세요.

(1) 你不是去过那个地方吗？ 那就给我们带路吧！
　　_____

(1) 带路 dàilù 길을 안내하다

(2) 解放前, 他家连饭都吃不上, 怎么能有钱去念书？
　　_____

(2) 连 ~ 也/都… ~조차도 모두(역시) …하다
念书 niànshū 공부하다

(3) 雨下得这么大, 哪儿想到你会来呢？
　　_____

(4) 第一次学游泳, 还能不喝几口水？
　　_____

(5) 我们一起工作这么多年了, 难道你还不了解我吗？
　　_____

5 주어진 어구를 이용하여 반어문을 만들어보세요.

(1) 我们已经约好了。(不是…吗？)

....

(2) 这些工作，我一个人做得完。(怎么…？)

....

(3) 他不知道这件事。(哪儿…啊？)

....

(4) 不应该哭！这么大了还哭！(…什么)

....

(5) 他给了我们这么大的帮助，我们非常感谢他呢。
　　　　　　　　　　　　　　(哪儿能…呢？)

....

6 다음 보기에서 알맞은 단어를 찾아 넣으세요.

　보기　　什么　　怎么　　哪儿

(1) A：哎，给家里再留十块钱吧！
　　B：家里要 ☐ 钱？穷家富路，你带上吧！

(2) 你 ☐ 能想到三个人吃一顿饭要八十多块钱！

(3) 今天，我把两棵杨树种在院子里。在我们老家，家家门口都有树，☐ 有一出门就见天的啊！

(1) 哎 ai 아이, 아이고 (의외, 의아, 불만 따위의 기분을 나타냄)
穷家富路 qióng jiā fù lù
가난한 집안도 외출을 하면 돈을 넉넉히 가지고 나간다.

35 복문・긴축문

1 밑줄 친 병음에 근거하여 다음 보기에서 알맞은 단어를 찾아 넣고 번역해보세요.

> 보기 bú shì   jiù   chúle   érquě   yuè   dōu

(1) Wèntí jiějuéde (   ) kuài yuè hǎo.

  ....

(2) Lián háizimen (   ) hěn jiǎng lǐmào.

  ....

(3) (   ) zhèige yǐwài, hái yǒu shénme bànfǎ?

  ....

(3) zhèige 这个 이것

(4) Zhèige háizi měitiān (   ) dǎqiú, jiù shì yóuyǒng.

  ....

(5) Búdàn Běijīng, (   ) quánguó gèdì dōu chuánkāile zhèige xiāoxi.

  ....

(6) Dàjiā yàoshi tóngyì, (   ) zhèyàng juédìng ba.

  ....

2 다음 문장이 의미가 통하도록 연결해보세요.

A   B

(1) 不管做什么工作,   a 那么就别去了。

(2) 等老师讲完了,   b 我也要把这篇文章写完。

(3) 你既然不想参加,   c 然后再去邮局寄信。

(4) 哪怕今天不休息,   d 你再提问题。

(5) 如果我写书,   e 要么我去找你怎么都行。

(6) 我先去书店买书,   f 都要有一个认真的态度。

(7) 要么你来找我,   g 我就写我妈妈的一生。

3 다음 문장을 번역해보세요.

(1) 你要多少钱, 我给你多少。

(2) 这里书很多, 你爱看什么就看什么。

(3) 有什么样的父亲, 就有什么样的孩子。

(4) 谁会做这道题, 谁就给大家讲一讲。

(4) '道 dào'는 시험 문제를 세는 양사

(5) 你要什么时候来就什么时候来。

4 주어진 구문을 이용하여 중국어로 써보세요.

(1) 날씨가 좋건 좋지 않건, 우리는 모두 가야 한다.
[不论…都…]

(2) 가라오케를 좋아하는 것외에도, 춤도 좋아하고, 성격이 매우 명랑하다. [除了…以外, 还…]

(2) 卡拉OK kǎlāOK 가라오케
性格 xìnggé 성격
开朗 kāilǎng 명랑하다

(3) 그는 병원에 가서 그녀를 병문안 하지 않으면 안 된다.
[非…不可]

(3) 看 kàn 방문하다, 찾아가다

(4) 하늘에 달이 없으면, 별도 역시 없을 것이다.
[连…也…]

(4) 天上 tiānshang 하늘
月亮 yuèliang 달
星星 xīngxing 별

(5) 오랫동안 그를 보지 못했는데, 설마 고국에 돌아간 것 아니겠지. [难道…吗]

(5) 见到 jiàndào 만나다

(6) 이 소설은 매우 재미가 있으니, 시간이 있다면 봐봐.
[如果…的话]

(6) 值得 zhíde ~할 만한 가치가 있다

(7) 저 사람은 최근 정신이 없어, 아마도 무슨 걱정거리가 있는 것 같아.
[好像…似的]

(7) 没有精神 méiyou jīngshen 기운이 없다
心事 xīnshì 걱정거리, 시름

(8) 그는 담배를 피우면서, 친구와 이야기하고 있다.
[一边…一边…]

(8) 聊天儿 liáotiānr 한담을 하다

(9) 나는 그에게 화내지 말라고 권유하면 할수록 더욱 화를 냈다.
    [越…越…]

    ....

(10) 이렇게 해야만 비로소 문제를 해결할 수 있다.
    [只有…才…]

    ....

(9) 劝 quàn 권하다

5 a, b 각 문장을 해석해보고, 그 차이를 설명해보세요.

(1) a 他今天没来上课, 不是生病了, 就是有事。

    ....

   b 他不是今年大学毕业的, 而是前年毕的业。

    ....

(2) a 我就是在最冷的时候, 也坚持清晨跑步。

    ....

   b 要是大家都出把力, 那事情就好办了。

    ....

(2) 坚持 jiānchí
고수하다, 지속하다
清晨 qīngchén
새벽녘, 이른 아침

(3) a 表演节目的时候, 不要紧张, 一紧张就演不好了。

    ....

   b 我到他住的地方一问, 才知道他搬家了, 搬到新宿舍去了。

    ....

(3) 搬家 bānjiā
이사하다

(4) a 这么好的天气, 与其坐在屋里看小说, 不如出去玩玩。

    ....

   b 他宁可自己累一点儿, 也不给别人添麻烦。

    ....

(4) 添麻烦
tiān máfan
번거롭게 하다

(5) a 只要上首都医院，你的病就能治好。

　　 b 只有上首都医院，你的病才能治好。

6 다음은 단문 형식이면서 복문에 해당하는 의미를 나타내는 긴축문입니다. 번역해보세요.

(1) 八点钟不来上车就不等了。

(2) 不了解情况不要乱说。

(3) 我自己有办法还来求你？

(4) 不让去就不去，以后请我也不去了。

(5) 你不说也知道。

(6) 他向来不问不说。

(7) 再不抓紧可要完不成任务了。

(8) 没事情就不来找你了。

(6) 向来 xiànglái
본래부터, 줄곧

(7) 抓紧 zhuājǐn
단단히 잡다, 다그치다

복문·긴축문 **35**

(9) 人来齐了再发票。

....

(10) 你爱来不来，你来欢迎，不来也不缺你。

....

(10) 爱…不…
~하고 싶으면 ~하고
하기 싫으면 하지 마라
缺 quē 모자라다

7 다음 복문을 긴축문으로 써보세요.

(1) 要是你不想看，就把电视关上吧。

....

(2) 你既然不同意，就不要举手。

....

(3) 我宁愿饿死，也不去替敌人做事。

....

(4) 产品的质量要是不合格，就不能出厂。

....

(5) 你只有认真找，才能找出错误来。

....

이야기나 소설의 이름

《白雪公主 Báixuě gōngzhǔ》　　　　　백설공부
《灰姑娘 Huī gūniang》　　　　　　　　신데렐라
《伊索寓言 Yīsuǒ yùyán》　　　　　　　이솝이야기
《一天零一夜 Yìqiān líng yī yè》　　　　아라비안나이트(천일야화)
《威尼斯商人 Wēinísī shāngrén》　　　　베니스의 상인
《少年维特之烦恼 shàonián Wéitè zhī fánnǎo》 젊은 베르테르의 슬픔
《堂吉诃德 Táng Jíkēdé》　　　　　　　돈키호테
《卖火柴的小女孩 Mài huǒchái de xiǎonǚháir》 성냥팔이 소녀
《汤姆·索亚历险记 Tāngmǔ Suǒyà lìxiǎnjì》 톰소여의 모험

연습문제 **해답**

01 명사·수사·양사

2　(1) zhǐ 종이, zhuōzi 테이블
　　(2) qiānbǐ 연필, yān 담배
　　(3) xié 신발, kuàizi 젓가락
　　(4) hé 강, kùzi 바지
3　(1) g　(2) f　(3) d　(4) b
4　(1) jǐ　(2) liǎng　(3) sān　(4) sì
5　(1) yì　(2) yì　(3) yì　(4) yí　(5) yī
6　(1) 一本书
　　(2) liǎng jiàn yīfu 옷 두 벌
　　(3) 三双筷子 젓가락 세 벌
　　(4) sì zhī yān 담배 4개피
　　(5) wǔ jià lùyīnjī 五架录音机
　　(6) 六只猫 고양이 여섯 마리
　　(7) qī zhāng zhuōzi 테이블 7개
　　(8) bā liàng qìchē 八辆汽车
　　(9) 九座楼 건물 아홉 동

02 시간·년월일·돈

2　(1) 今天　(2) 明天　(3) 后天　(4) 去年
　　(5) 今年　(6) 明年　(7) 上星期　(8) 这个星期
　　(9) 下星期　(10) 早上　(11) 上午　(12) 下午
3　(1) 今天几月几号星期几？
　　　　Jīntiān liùyuè èrshí hào xīngqīliù.
　　(2) 现在几点？
　　　　Xiànzài xiàwǔ sān diǎn.
　　(3) 你今年十几岁？
　　　　Jīnnián shíqī suì.
　　(4) 明年一九九几年？
　　　　Míngnián yī jiǔ jiǔ qī nián.
4　(1) e　(2) j　(3) d　(4) c　(5) g　(6) f　(7) i
　　(8) a　(9) h　(10) l　(11) b　(12) k
5　a 九点半 / 九点三十分
　　b 两点二十分
　　c 差三分六点 / 五点五十七分
　　d 六点三刻 / 六点四十五分
5　a liùshí fēn　b èrshísì (ge) xiǎoshí　c shísì tiān
　　d sānshí tiān　e shí'èr ge yuè
7　A. (1) 三天　(4) 四小时　(5) 两个星期
　　　　(7) 八个月　(10) 两年

B. (2) 三号　(3) 四点　(6) 第二个星期
　　(8) 八月　(9) 第二年
8　yī(yuè)　yí(ge yuè)　yí(ge xīngqī)　yī(hào)　(shí)yī
　　(dì)yī　yì(diǎn)
9　(1) 现在差五分十二点。
　　(2) 他北京人。
　　(3) 今年一九九六年。
　　(4) 她十八岁。
　　(5) 今天七月八号星期一。
　　(6) 这件衣服四十五块钱。

03 지시대명사와 인칭대명사

1　(1) 这(一)本书　(2) 这(一)把伞　(3) 那两座山
　　(4) 那两件衣服　(5) 哪架飞机　(6) 哪条路
2　(1) 哪　(2) 几　(3) 个　(4) 两　(5) 些　(6) 多少
3

	단수	복수
제1인칭	我	wǒmen 咱们
제2인칭	您 nín	你们
제3인칭	他 它	她们 它们
의문사		谁

4　(1) 我的本子 나의 공책
　　(2) 他(她)的英文报 그(그녀)의 영자신문
　　(3) wǒmen xuéxiào 우리의 학교
　　(4) shéi de máoyī 누군가의 스웨터
　　(5) 他(她)们的 그(그녀)의
　　(6) 你姐姐 네 누나
　　(7) 我们学校的 우리학교의
　　(8) 哥哥和弟弟 형과 동생
　　(9) māma, wǒ hé mèimei 妈妈, 我和妹妹
　　(10) 기숙사의 입구
5　(1) 베이징의 인구　　　(2) 도서관의 책
　　(3) 내 아버지의　　　(4) 우리 반의 반장
　　(5) 티엔진의
　　(6) 중국인민의 미국 친구 에드가 스노우
6　(1) A　(2) A　(3) B　(4) B　(5) B　(6) B
　　(7) A　(8) B　(9) A　(10) A
7　(1) 姥爷 lǎoye　(2) 奶奶 nǎinai　(3) 爸爸 bàba
　　(4) 妹妹 mèimei　(5) 爱人 àiren　(6) 姐姐 jiějie
　　(7) 女儿 nǚ'ér　(8) 儿子 érzi　(9) 孙子 sūnzi

Answer

8 (1) 我的这支自动铅笔
(2) 他的这些画儿
(3) 我们的这三个问题
(4) 老师的这些房间
(5) 我妈妈的那两条裙子
(6) 学生的那两架录音机
(7) 我家乡的那两座山
(8) 德国产的那两瓶啤酒
(9) 中国朋友的这本词典
(10) 我们公司的那个司机

04 수의 여러 가지

2 (1) sān bǎi wǔ (shí)
(2) sì qiān jiǔ (bǎi)
(3) wǔshiqī wàn sān (qiān)
(4) qīshí wàn wǔ qiān sì (bǎi)
(5) sì bǎi bāshí ge
(6) sān qiān èr bǎi kuàiqián
(7) qī qiān líng wǔshí
(8) yí wàn líng bā bǎi sānshí
*(1) bā bǎi líng sì
(2) qī qiān líng wǔ
(3) sìshí wàn qī qiān èr (bǎi)
(4) sān bǎi wàn líng jiǔshí
(5) qī qiān líng wǔshí wàn sān qiān líng bāshí
(6) jiǔ qiān sān bǎi wàn líng wǔ bǎi líng yī
*(1) 8050 (2) 8005 (3) 8500 (4) 80500
 (5) 80050 (6) 80005

3 A : 28, 752, 2/5, 1/2, 二年级, 六排二号
B : 两只兔子, 两个月

4 (1) (Tā zhù)sān (lóu) sì bā wǔ (fángjiān).
(2) (Zhōngguó) yī jiǔ sì jiǔ (nián) jiěfàng le.
(3) (Wǒ de diànhuà hàomǎ shì) èr wǔ liù yāo yāo sì wǔ.
(4) líng diǎn qī wǔ
(5) bǎi fēn zhī sì shí
(6) sānshí'èr diǎn yī wǔ
(7) sān yòu qī fēn zhī wǔ

5 (1) 1 (2) 2 (3) 2 (4) 1 (5) 2 (6) 1

6 (1) 四十来岁 / 四十岁左右 / 四十岁上下的老师
(2) 几十本书 (3) 三十多(三十几)瓶啤酒
(4) 两三个小时 (5) 十几(十多)岁的孩子
(6) 四五天 (7) 五十来个学生 (8) 两个多月
(9) 那几条裤子 (10) 二十来张邮票

05 여러 가지 형용사와 구별사

1 (1) 慢màn (2) 错cuò (3) 高gāo (4) 容易róngyì
(5) 闲xián (6) 瘦shòu (7) 脏zāng (8) 复杂fùzá
(9) 便宜piányi

2 (1) 有点儿冷(조금 춥다)
(2) 很早(매우 이르다)
(3) 比较难(비교적 어렵다)
(4) 太贵(가격이 너무 비싸다)
(5) 最好(가장 좋다)
(6) 很漂亮(매우 예쁘다)
(7) 相当长(상당히 길다)
(8) 特别快(특히 빠르다)
(9) 最可爱(제일 사랑스럽다)
(10) 非常重要(매우 중요하다)

3 성질형용사: 热闹(시끄럽다) 清楚(확실하다)
快(빠르다) 紧(긴장하다)
安静(조용하다)
상태형용사: 胖乎乎(통통하다) 红红(매우 붉다)
飞快(나는 듯이 빠르다)
高高兴兴(기쁘다)
糊里糊涂(흐리멍텅하다)

4 (1) 白帽子 bái màozi
(2) 红毛衣 hóng máoyī
(3) 漂亮的手表 piàoliang de shǒubiǎo
(4) 好吃的中国菜 hǎochī de Zhōngguó cài
(5) 非常大的西瓜 fēicháng dà de xīguā
(6) 最高的楼 zuì gāo de lóu
(7) 绿油油的麦田 lǜyōuyōu de màitián
(8) 雪白的衬衫 xuěbái de chènshān

5 (1) 高高的鼻子(높은 코)
(2) 红红的脸(붉은 얼굴)
(3) 小小的嘴(작은 입)
(4) 大大的眼睛(큰 눈)
(5) 胖乎乎的孩子(통통한 아이)

159

연습문제 해답

6
(1) 我的这两本新词典
(2) 我爸爸的那三条旧领带
(3) 我们学校的那五棵高杨树
(4) 中国的那条很有名的大运河
(5) 我们公司的那些非常重要的工作

7 (1) a (2) b (3) a (4) b

06 형용사술어문

1
(1) 黑洞洞的夜晚 칠흑같이 어두운 밤
(2) 很厚的棉大衣 매우 두꺼운 면 외투
(3) 杨树笔直笔直的。 버드나무가 꼿꼿하다.
(4) 北京的冬天特别冷。 베이징의 겨울은 특히 춥다.

2
(1) 这条街不宽。
(2) 那个房间不很黑。
(3) 她的衣服很好看。
(4) 这些问题很难。
(5) 那篇文章长吗?

3
(1) 이 책은 두껍고 저 책은 얇다.
(2) 이 책은 매우 두껍다.
(3) 이 문제는 어렵습니까?
(4) 이 문제는 많이 어렵습니까?
(5) 이 문제는 어렵습니까?
(6) 이 문제는 어렵지 않다.
(7) 이 문제는 많이 어렵지 않다.
(8) 이 문제는 비교적 어렵다.
(9) 이 문제는 어때?

4 (1) 吗 (2) 怎么样 (3) 不忙 (4) 还是 (5) 甜吗

5
(1) 这件白的最贵。
(2) 这个人全身冰凉冰凉的。
(3) 我的这件大衣太大。
(4) 昨天比较热, 今天凉快。
(5) 这双鞋又便宜又结实。
(6) 那些人不那么认真。

6
(1) 那个姑娘眼睛很大。
(2) 那 / 这架收音机声音清楚吗?
(3) 我们学校的王老师个子很高。
(4) 那所学校留学生不多。
(5) 我牙不疼, 头有点儿疼。
(6) 他体重六十五公斤, 身高一米七五。

7
(1) 很은 불필요하다. 明明白白는 상태형용사로 정도부사의 수식을 받지 않는다.
(2) 雪白雪白는 상태형용사의 중첩형식으로 부정할 수 없다.
(3) 문장 속에 都、也 등 부사가 있는 경우 정반의문문을 사용할 수 없다.
(4) 大大方方은 상태형용사이며, 보통 의문문에는 쓰이지 않는다.
(5) 3번 참조

07 동사술어문

1
(1) 논문을 쓰다, 유화를 그리다
(2) 버스를 타다, 자전거를 타다
(3) 피아노를 치다, 바이올린을 켜다
(4) 축구를 하다, 배구를 하다
(5) 책을 보다, 텔레비전을 보다
(6) 빵을 먹다, 약을 먹다

2
(1) 买东西(물건을 사다)
(2) 看电视(텔레비전을 보다)
(3) 做菜(요리를 하다)
(4) 吃饭(밥을 먹다)
(5) 画画儿(그림을 그리다)
(6) 写信(편지를 쓰다)
(7) 教弟弟汉语(남동생에게 중국어를 가르치다)
(8) 问老师问题(선생님께 문제를 묻다)
(9) 还同学铅笔(급우에게 연필을 돌려주다)
(10) 给朋友礼物(친구에게 선물을 주다)
(11) 开始上课(수업을 시작하다)
(12) 想去旅行(여행을 가고 싶어하다)
(13) 喜欢打球(공 차는 것을 좋아하다)
(14) 同意他去(그가 가는 것에 동의하다)
(15) 回家(귀가하다)
(16) 出国(출국하다)
(17) 去长城(만리장성에 가다)
(18) 进屋子(집으로 들어가다)
(19) 休息一会儿(잠시 쉬다)
(20) 病了三天(3일간 아팠다)

3
(1) 他吃面包。 (2) 他不吃面包。
(3) 他吃面包吗? 他吃不吃面包? 他吃面包不吃?
(4) 谁吃面包? (5) 他吃什么?

4 (1) 旧课, 预习　(2) 脱, 穿　(3) 老师, 喝
　　(4) 踢, 打　(5) 休息, 休息

5 (1) 我们都去商店。
　　(2) 他的男朋友也不吸烟。
　　(3) 他们热烈地欢迎我们。
　　(4) 我们常常踢足球。
　　(5) 她在图书馆看画报。

6 (1) 什么 그들은 매일 저녁 어떤 프로그램을 봅니까?
　　(2) 怎么 당신의 이름은 어떻게 읽습니까?
　　(3) 还是 당신은 홍차를 마실래요 아니면 커피를 마실래요?
　　(4) 谁 오늘 경기는 누가 가서 보니?

7 (1) 우리는 오후에 집에서 텔레비전을 본다.
　　(2) 그녀는 한 쌍의 예쁜 화병을 가지고 있다.
　　(3) 나는 춤추는 것을 좋아한다.
　　(4) 나는 그들 두 사람에게 좋은 소식을 전한다.
　　(5) 우리의 비행기는 내일 오전 8시에 이륙한다.

08 동사술어문 '是'

1 (1) 吗　(2) 是, 不是　(3) 不是
　　(4) 都不　(5) 也都

2 (1) 他们不都是老师。
　　(2) 这些都是中文书。
　　(3) 那是你的书包。
　　(4) 这也是他的衣服。
　　(5) 那件衣服是妈妈的。
　　(6) 我的是红的, 他的是白的。
　　(7) 大的是妹妹的, 小的是弟弟的。

3 (1) 这支铅笔是五块钱。
　　(2) 他的家是在广州。
　　(3) 小张今天是特别高兴。
　　(4) 铃木是去过中国。
　　(5) 这个问题是已经解决了。
　　(6) 我是有点儿不舒服。

4 (1) 这支铅笔是我的。
　　(2) 那条(只)狗是他的。
　　(3) 这张地图是我们老师的。
　　(4) 那件毛衣是他的。
　　(5) 那个书包是爸爸的。

5 (1) 你找谁?　(2) 这是谁的本子?

　　(3) 你做什么工作?　(4) 哪位是新来的学生?
　　(5) 这是什么原因?　(6) 他家都有什么人?

6 (1) 穿的衣服　　　　(2) 唱的歌儿
　　　老张穿的衣服　　　弟弟唱的歌儿
　　　老张穿的　　　　　弟弟唱的
　　(3) 写的字　　　　　(4) 买的票
　　　王文写的字　　　　谁买的票
　　　王文写的　　　　　谁买的
　　(5) 做的菜　　　　　(6) 修理的手表
　　　妈妈做的菜　　　　小王修理的手表
　　　妈妈做的　　　　　小王修理的

7 (1) 妈妈做的菜 我们都喜欢吃。
　　(엄마가 만드신 요리를 우리는 모두 먹기 좋아한다.)
　　(2) 他说的话 我不相信。
　　(그가 한 말을 나는 믿지 않는다.)
　　(3) 这种颜色的裙子我也有。
　　(4) 明天的比赛你们都参加吗?
　　(5) 那个小孩儿吃的包子你也吃吗?

09 존재의 표현

1 (1) 존재　(2) 존재　(3) 소유　(4) 소유

2 A A[1, 2]
　　B [3, 6, 7, 8, 12, 14, 15]
　　C [4, 5, 9, 10, 11, 13]

3 (1) 钢笔在桌子上。　(2) 裙子在床上。
　　(3) 楼下有食堂。
　　(4) 바꾸어 쓸 수 없다.('他'는 특징의 대상을 나타내므로 '有'의 목적어가 될 수 없다.)
　　(5) 书架上有一顶dǐng草帽。

4 (1) 베이징이라는 단어 자체가 장소를 나타내므로 방위사인 里는 불필요하다. 따라서, 北京有地铁.이 맞는 표현이다.
　　(2) '사물+(　)+장소'의 경우 동사는 有가 아닌 在를 쓴다. 书包在桌子上。
　　(3) '장소+(　)+사물'의 경우 동사는 在가 아닌 有를 쓴다. 地板上有一双鞋。
　　(4) 我的照片은 특정의 사물이므로 有의 목적어로 쓰일 수 없다. 墙上有一张照片。또는 我的照片在墙上。의 표현으로 쓰인다.
　　(5) 书包자체로는 장소를 나타낼 수 없으므로 방위사인 里가 필요하다. 书包里有书和词典。

161

연습문제 해답

5 (1) 有, 是, 是   (2) 有, 是, 是
　　 (3) 是   (4) 有, 是   (5) 有

6 (1) 前面的楼都是学生宿舍。
　　 (2) 前边就是邮局。
　　 (3) 图书馆旁边有操场。
　　 (4) 我们明天晚上在老王那里。

7 (1) 王府井大街东边有很多商店。
　　 (2) 北京饭店和百货大楼在王府井大街西边。
　　 (3) 新华书店旁边是麦当劳。
　　 (4) 麦当劳北边有一家书店。

8 (1) 우리 도서관은 이 건물 뒤쪽에 있다.
　　 (2) 바람이 너무 세서, 거리의 행인들이 적다.
　　 (3) 그녀의 방에는 벽에 많은 남자 친구의 사진이 걸려 있다.
　　 (4) 오늘 저녁, 그녀는 중국 유학생과 함께 있다.

10 연동문(1)-중첩형

1 (1) 그들도 역시 영화를 보러 간다.
　　 (2) 나는 물건을 사러 가지 않는다.
　　 (3) 내 동생은 자전거를 타고 학교에 간다.
　　 (4) 우리 모두 손을 씻고 밥을 먹는다.
　　 (5) 네 형은 버스를 타고 역에 가서 친구를 맞이하니?

2 (1) 他们也<u>去</u> <u>看电影</u>。
　　 (2) 我不<u>去</u> <u>买东西</u>。
　　 (3) 我弟弟<u>骑自行车</u> <u>去学校</u>。
　　 (4) 我们都<u>洗手</u> <u>吃饭</u>。
　　 (5) 你哥哥<u>坐公共汽车</u> <u>去车站</u> <u>接朋友</u>吗?

3 (1) 送朋友   (2) 去上海   (3) 去机场
　　 (4) 打电话   (5) 帮助我

4 (1) zuòzuo 좀 앉다
　　 (2) xiǎngxiang 생각 좀 하다
　　 (3) jièshaojièshao 소개를 하다
　　 (4) chángchang 좀 맛을 보다
　　 (5) xiūxixiūxi 좀 쉬다

5 (1) 看看   (2) ×   (3) 笑笑   (4) ×   (5) ×
　　 (6) ×   (7) 学习学习   (8) 研究研究
　　 (9) 参观参观   (10) ×

6 (1) 이 선생님은 웃으면서 고개를 끄덕였다.
　　 (2) 나는 그에게 만리장성에 갈 것인지 물어보러 간다.

　　 (3) 이 요리는 맛있어, 너도 맛 좀 봐라.
　　 (4) 그 일은 우리 회의를 열어 토론 좀 하자.
　　 (5) 우리 좀 쉬자.

7 (1) 잠시 기다려라, 내가 가서 전화할게.
　　 (2) 너는 참가할지 말 건지 생각 좀 해라.
　　 (3) 그녀는 좀 울었다.
　　 (4) 우리 좀 쉽시다.

8 (1) 高高的个子   (2) 红红的太阳
　　 (3) 长长的头发   (4) 痛痛快快地玩
　　 (5) 笔直笔直的路

9 (1) 대표들과 모두 하나하나 악수한다.
　　 (2) 그들 반 사람들은 모두 매우 노력한다.
　　 (3) 모든 길이 베이징으로 통한다.
　　 (4) 그는 매일 아침 체조를 한다.
　　 (5) 그의 집은 매끼 쌀밥을 먹는다.
　　 (6) 뜰 안에 장작이 무더기로 쌓여 있다.
　　 (7) 한번씩의 실패에도 그는 결코 쓰러지지 않는다.
　　 (8) 날씨가 나날이 따뜻해진다.

10 (1) 往往 샤오 리우는 가끔 혼자서 거리에 나간다.
　　 (2) 渐渐 이곳의 생활에 나는 조금씩 익숙해진다.
　　 (3) 刚刚 그는 방금 갔다.
　　 (4) 常常 그는 자주 여기 와서 잡담을 한다.

11 의문문(1)

1 (1) 他是新华社的记者吗?
　　 (2) 你是这个公司的总经理吗?
　　 (3) 你今天下午有课吗?
　　 (4) 北京有不少名胜古迹吗?

2 (1) 他是谁?   (2) 您找谁?
　　 (3) 这是谁的本子?   (4) 谁是你们的老师?
　　 (5) 谁的房间最干净?

3 (1) 那是什么?   (2) 你喝什么?
　　 (3) 什么是你的理想?   (4) 那是什么书?
　　 (5) 你有什么事儿?

4 (1) 他在北京工作。
　　 (2) 我要喝咖啡。
　　 (3) 飞机下午两点起飞。
　　 (4) 这是我们班的教室。
　　 (5) 我的外国朋友是英国人。

(6) 那个人是他的爱人。
(7) 王老师教我们电脑。
(8) 我头疼。
(9) 我的汉语词典在书架上。
(10) 邮局卖mài(팔다)信封。

5 (1) 谁做的麻婆豆腐最好吃？
(2) 谁买的牛仔裤最便宜？
(3) 你有什么画报？
(4) 他是哪国人？
(5) 他喜欢看哪本小说？
(6) 哪课的(第几课的)生词最多？
(7) 你的衣服在哪个柜子里？
(8) 他们都是从哪儿来的客人？
(9) 北京什么时候的天气最好？
(10) 妹妹什么时候毕业？

6 (1) 喝什么酒？　　(2) 看什么书？
(3) 看什么节目？　(4) 听什么音乐？
(5) 唱什么歌？　　(6) 穿什么衣服？

7 (1) a 방식
　　 b 원인
(2) a 방식
　　 b 원인
(3) a 방식
　　 b 원인

8 생략

9 (1) 怎(么)样　(2) 为什么 / 怎么
(3) 什么地方 / 哪儿　(4) 什么 / 哪
(5) 怎么 / 怎(么)样　(6) 为什么 / 怎么
(7) 怎么　(8) 哪儿 / 什么地方
(9) 怎(么)样　(10) 什么

10 (1) d　(2) c　(3) f　(4) b　(5) e　(6) a

12 의문문(2)

1 (1) 在什么地方(在哪儿)下车？
(2) 他是你的什么人？
(3) 你为什么(怎么)迟到了？
(4) 北京站怎么走？
(5) 小文, 你怎么了？
(6) 今天怎么这么冷？

(7) 这个字怎么念？

2 (1) 你体重有多重？(d)
　　有五十多公斤。
(2) 那条街有多宽？(b)
　　大约有十米。
(3) 前面那座楼有多高？(a)
　　大概有二十多米。
(4) 那棵树有多粗？(e)
　　有三米。
(5) 那条河有多深？(c)
　　有两米五。

3 (1) 내가 아무때나 와도 괜찮습니까?
(2) 너는 그에게 뭐를 좀 보내고 싶니?
(3) 어디든지 다 조용합니까?
(4) 그는 뭐든지 다 안 먹습니까?
(5) 이 일을 아무도 모릅니까?
(6) 너희들 어제 아무데도 안 갔니?

4 (1) 多少(个)　(2) 几 几
(3) 多少(个) 多少 多少　(4) 几
(5) 几　(6) 多少(个)

5 (1) 你骑自行车去, 还是坐公共汽车去？
(2) 你喜欢体操, 还是喜欢游泳？
(3) 汉语语法难, 还是汉字难？
(4) 新来的会计是男的, 还是女的？

6 (1) 你去不去？
(2) 你有没有钱？ 你有钱没有？
(3) 她是不是广东人？ 她是广东人不是？
(4) 你吃不吃羊肉？ 你吃羊肉不吃？

7 (1) 우리 커피 마시러 가자, 어때?
(2) 오늘은 햄버거를 먹자, 괜찮아?
(3) 오늘은 켄터키 가서 먹자, 어때?
(4) 우리는 패스트푸드를 먹으러 가는데, 그도 갈지 모르겠네?

8 (1) 那棵大树有多粗？
(2) 我的帽子呢？
(3) 我明天回上海, 你呢？
(4) 你去还是他去？

연습문제 해답

13 전치사(개사)

1
(1) a 동사　b 전치사
(2) a 동사　b 전치사
(3) a 동사　b 전치사
(4) a 동사　b 전치사

2 (1) 往　(2) 在　(3) 从　(4) 往／向　(5) 向
(6) 向　(7) 朝／向　(8) 从　(9) 往／向
(10) 朝／向 朝／向

3 (1) 他昨天从仁川机场出发了。
(2) 她从口袋里掏出一个钱包。
(3) 离中秋只有两天了。
(4) 她爱人在邮局工作。
(5) 人往高处走, 水往低处流。
(6) 我家离工厂不很远。

4 (1) d　(2) e　(3) b　(4) a　(5) c

5 (1) 我给他打电话。
(2) 他跟我握手。
(3) 他对／向／朝我笑了笑。
(4) 为人民服务！
(5) 为我们的友谊干杯！
(6) 为了加强两国人民的了解
(7) 用汉语谈话
(8) 他对人很热情。
(9) 向老师借了一本书
(10) 由我负责

6 (1) 跟　(2) 对　(3) 跟　(4) 对

14 전치사 '是-的' 구문

1 (1) 给　(2) 为, 为　(3) 替　(4) 为　(5) 给

2 (1) 对于
(2) 关于
(3) 至于／对于
(4) 关于／对于
(5) 对于
(6) 至于

3 (1) a 그에게 말을 걸다(그를 향해서 한 방향으로)
　　 b 그와 잠깐 이야기하다(그와 상호 방향으로)
(2) a 그의 집에 가다.(목적이 한정되어 있다)
　　 b (번화한) 거리로 나가다
　　 (화려한 장소, 공적인 장소 등에 가다.)
(3) a 수도 공항에서 날아오르다.
　　 (출발점(기점)을 나타낸다.)
　　 b 사업상에서 생각하다(근거를 나타낸다.)
　　 c 다리 밑을 빠져 나가다(경유점을 나타낸다.)
(4) a 내 옆에서 떨어지지 않는다.
　　 (동사 '~에서 떨어지다(멀어지다))
　　 b 현 성에서 이천리 남짓(전치사로 공간적 간격)
　　 c 기차가 돌아올 때까지(전치사 시간적 간격)

4 (1) 跟　(2) 对／替　(3) 为／给
(4) 对于　(5) 为／给

5 (1) 从这儿到医院远不远？
(2) 离开车还有多少分钟？
(3) 你们常常在哪儿喝咖啡？
(4) 她是从什么时候开始住在首尔的？
(5) 你的词典是在什么地方买的？

6 (1) 그녀는 어제 온 게 아니라 그제 왔다. (시간)
(2) 그는 비행기를 타고 왔다. (방법)
(3) 그들은 국경절 행사에 참가하러 왔니? (목적)
(4) 그는 어디서 돌아왔니? (장소)
(5) 이 궤짝은 옷을 두는 것이다. (행위자)

7 (1) 长城是两千多年以前开始修建的。
(2) 我是在王府井新华书店买书的时候看见她的。
(3) 老师和学生是坐汽车来故宫参观的。
(4) 我们是去年九月到的北京。
(5) 你是从哪儿来的？

15 상용되는 부사

1 (1) 夏天天四点钟<u>就</u>亮了, 冬天七点钟<u>才</u>亮。
Xiàtiān tiān sì diǎnzhōng jiù liàng le, dōngtiān qī diǎnzhōng cái liàng.
여름에는 4시가 되면 날이 밝지만, 겨울에는 7시가 되어서야 환해진다.
(2) 他<u>还</u> 没来, 他<u>又</u>失约了。
Tā hái méi lái, tā yòu shīyuē le.
그는 아직 오지 않았는데, 그는 또 약속을 어겼다.
(3) 你有什么事儿, 明天<u>再</u>来。
Nǐ yǒu shénme shìr, míngtiān zài lái.
너는 무슨 일이 있으면, 내일 다시 와라.
(4) 这个办法<u>比较</u>好, 可以采用。
Zhège bànfǎ bǐjiào hǎo, kěyǐ cǎiyòng.
이 방법이 비교적 좋으니 쓸 수 있다.

Answer

(5) 他本来 就 很胖, 近来更胖了。
　　Tā běnlái jiù hěn pàng, jìnlái gèng pàng le.
　　그는 본래부터 매우 뚱뚱했는데, 요즘 더욱 뚱뚱해졌다.

(6) 他今天似乎 有点儿 不高兴。
　　Tā jīntiān sìhu yǒudiǎnr bù gāoxìng.
　　그는 오늘 조금 기분이 안 좋은 것 같다.

2
(1) 우리들은 모두 다 유학생은 아니다.
(2) 그들은 모두 다 미국인이 아니다.
(3) 이 수박은 그다지 맛이 없다.
(4) 그의 품격은 너무 저질이다.
(5) 그 비디오는 정말 별로이고, 이것 역시 그리 좋다고 할 수 없다.

3
(1) 太　(2) 太　(3) 就　(4) 才　(5) 又
(6) 又, 再　(7) 比较　(8) 更　(9) 有点儿
(10) 可

4
(1) 这篇文章改了又改, 还不太满意。
(2) 我不想再跟他见面了。
(3) 你的病刚好, 要注意休养。
(4) 今天晚上的联欢会, 我们公司的职员不都参加。
(5) 我可没见过这样的人, 脾气真怪。

5
(1) b 曾经은 '이전에 ~한 적이 있다'의 의미로 동사 뒤에는 일반적으로 동태조사 过가 쓰인다.
(2) a 刚刚에는 了가 붙지 않는다.
(3) b 立刻는 '금방, 바로'의 뜻이므로 a에서의 겨우의 의미를 나타내는 才와 모순된다.
(4) b 조동사 뒤에는 再
(5) a 更은 동일 상황에서의 '한 걸음 더'라는 의미를 나타낸다. 了不解와 了解는 서로 반대의 의미를 나타내므로 비교가 올바른 표현이다.

16 문장성분의 정리

1
(1) 小李 是大学生。
　　他 很认真。(d)
(2) 衣服 做好了。
　　语法 不难学。(f)
(3) 今天 比较冷。
　　北京 很美。(a)
(4) 学习外语 很不容易。
　　他去上海 我不知道。(b)
(5) 太客气了 也不好。

干干净净 当然好。(e)
(6) 三个 不够。
　　一丈 等于十尺。(c)

2 (1) c　(2) e　(3) f　(4) b　(5) d　(6) a

3
(1) 大孩子 큰 아이가 중학교에 갔다.
(2) 床单, 被子, 枕头 침대보, 이불, 베개 모두 샀다.
(3) 一个 하나에 3위안이다.
(4) 正在看书的 지금 책을 보고 있는 것은 샤오 왕이다.
(5) 学外语 외국어를 공부하는데 있어 발음에 주의해야 한다.
(6) 遵守纪律 규율을 지키는 것은 일종의 미덕이다.
(7) 他去 그가 가는 것이 비교적 적당하다.
(8) 扫地 청소하는 것은 15명이다.

4
(1) a (a) 나는 옷을 빨았다.
　　b (b) 옷을 다 빨았다.
(2) a (a) 나는 영화를 봤다.
　　b (b) 책을 다 보았다.
(3) a (c) 무대에서 지금 연극을 하고 있다.
　　b (a) 주석단이 단상에 앉았다.
(4) a (a) 나는 안 먹는다.
　　b (b) 사과를 안 먹는다.
　　c (d) 내일은 안 먹는다.

5 (1) (a)　(2) (b)　(3) (a)　(4) (b)　(5) (b)

6
(1) 地 기쁘게 웃다
(2) 的 할아버지의 담뱃대
(3) 的 우리가 등산한 산은 만수산이라고 불린다.
(4) 地 아이들은 즐겁게 노래를 부르기 시작했다.
(5) 地 그는 진지하게 공부한다.
(6) 的 그가 산 옷이 찢어졌다.

7
(1) 慢慢儿　(2) 好好儿　(3) 早点儿
(4) 积极(地)　(5) 认认真真(地)　(6) 快
(7) 从宿舍　(8) 不　(9) 一起　(10) 很

17 존재·출현·소실의 문장, 비주술문, 명령문

1
(1) (放) 테이블 위에 책 한 권이 놓여 있다.
(2) (围) 길에 많은 사람들이 둘러 서 있다.
(3) (长) 땅에 잡초가 가득 자랐다.
(4) (挂) 벽에 유화 몇 점이 걸려 있다.
(5) (堆) 뜰에 많은 물건들이 쌓여 있다.

165

(6) (走) 대로에서 두 사람이 걸어왔다.
(7) (发生) 어제 저녁 불이 났다.
(8) (来) 어제 손님이 한 분 오셨다.
(9) (搬) 우리 골목에 한 집이 이사왔다.
(10) (死) 마을에 소 한 마리가 죽었다.

2 (1) 门外停着汽车，门里放着自行车。
   (2) 山上长着树，山下种着庄稼。
   (3) 游泳池旁边摆着几把椅子。
   (4) 海上沉了一只船。
   (5) 天空飞过一群大雁。

3 (1) Xià wù le! 下雾了！
   (2) Xià xuě le! 下雪了！
   (3) Jié bīng le! 结冰了！
   (4) Xiǎo-Wáng, shàngkè le! 小王，上课了！
   (5) Mànmānr chī ba! 慢慢儿吃吧！
   (6) Qǐng màn zǒu. 请慢走。
   (7) Bié kè qi!(Búyào kèqi!) 别客气！(不要客气！)
   (8) Qǐng zhuǎngào tā. 请转告他。

4 (1) 蓝天上出现了好几个洞。
   (2) 大地也出现了不少裂缝。
   (3) 有的地方燃起了熊熊大火。

18 조동사(능원동사)

1 (1) a 동사   그는 영어를 할 수 있다.
       b 능원동사 그는 영어를 말할 수 있다.
   (2) a 동사   나는 이것이 필요하다.
       b 능원동사 나는 이것을 사야 한다.
   (3) a 동사   나는 집이 그립다.
       b 능원동사 나는 중국에 가고 싶다.

2 (1) 会 (2) 能 (3) 可以 (4) 会 (5) 能
   (6) 会 (7) 能 (8) 会 (9) 可以 (10) 可以

3 (1) d (2) c (3) a (4) b (5) a
   (6) c (7) d (8) b

4 (1) 我想当老师。
   (2) 我要给弟弟买词典。
   (3) 你会开车吗？
   (4) 他不会跟她结婚。
   (5) 我能翻译这本书。
   (6) 我们可以在这儿谈谈吗？

5 (1) 你不用马上打扫屋子。
   (2) 我不想买那件衣服。
   (3) 明天不会下雨。
   (4) 我一天不能走四十公里。
   (5) 戏院里不能吸烟。
   (6) 我不想跟他谈话。

6 (1) 나는 저 자전거를 사고 싶지 않다.
   (2) 너는 술을 마셔서는 안 된다.
   (3) 이렇게 늦었으니, 그는 오늘 오지 않을 것이다.
   (4) 아무데나 침을 뱉어서는 안 된다.
   (5) 큰 소리로 말을 하지 마라.

7 (1) 我想给病人看病, ……。
       조동사(능원동사)는 중첩된 형태로 쓰일 수 없다.
   (2) ……, 我们应该在这儿……。
       조동사(능원동사)는 주어 뒤에 놓인다.
   (3) 你要不要买那本辞典？
       정반의문문은 조동사의 긍정형+부정형의 형태로 쓰인다.
   (4) 我可以去……吗？
       연동문(去冰场+滑冰)에서는 조동사는 첫번째 동사의 앞에 놓인다.
   (5) ……, 就能做好一件衬衣……。
       능력을 나타내는 경우에는 会가 아니라 能을 써야 한다.

8 (1) 이번 토론회에 우리는 참가해야 한다.
   (2) 우리는 그에게 부득이하게 알려야 한다.
   (3) 우리는 원래의 주장을 바꿀 수 없다.
   (4) 이 임무를 오늘 완성해야 한다.
   (5) 조급해하지 마라, 그는 반드시 올 것이다.

20 진행의 애스펙트

1 (1) 小猫正在捉蜻蜓呢。
   (2) 小白兔正在撒种子呢。
   (3) 小猴子正在哭呢。
   (4) 乌鸦正在喝水呢。
   (5) 公鸡正在唱歌呢。

2 (1) 他们正休息呢。(③)
       그들은 지금 쉬고 있다.
   (2) 小卖部在办公室的旁边儿。(①)
       소매점은 사무실 옆에 있다.
   (3) 明天你到这儿的时候, 他会在等你。(③)

내일 네가 여기에 도착했을 때, 그는 너를 기다리고 있을 것이다.
(4) 他希望在银行工作。(②)
　　그는 은행에서 근무하기를 희망한다.
(5) 这个工作必须在今天上午完成。(②)
　　이 일은 오늘 오전에 반드시 완성해야 한다.

3 (1) 上星期五我找他的时候, 他还在做实验。
Shàng xīngqīwǔ wǒ zhǎo tā de shíhou, tā hái zài zuò shíyàn.
(2) 下星期日下午, 她们可能正在打网球呢。
Xià xīngqīrì xiàwǔ, tāmen kěnéng zhèngzài dǎ wǎngqiú ne.
(3) 你在干什么呢？(你)在洗衣服吗？
Nǐ zài gàn shénme ne? (Nǐ) zài xǐ yīfu ma?
没有, 我正在收拾东西呢。
Méiyǒu, wǒ zhèngzài shōushi dōngxi ne.
(4) 你们在聊天儿呢？
Nǐmen zài liáotiānr ne?
我们没聊天儿, 正在讨论学习方法的问题呢。
Wǒmen méi liáotiānr, zhèngzài tǎolùn xuéxí fāngfǎ de wèntí ne.
(5) 他不是在做功课, 是在睡觉呢。
Tā bú shì zài zuò gōngkè, shì zài shuìjiào ne.

4 (1) 他没吃饭, 他在休息。
(2) 他们正在实验室做实验。
(3) 他去操场了。
(4) 我们都喜欢这种山水画。
(5) 他有一个收音机。

21 지속의 동태 표시

1 (1) 窗户开着, 门关着。
(2) 墙上挂着一张中国地图。
(3) 他闭着眼睛呢。
(4) 他们唱着歌儿, 跳着舞呢。
(5) 我来的时候, 奶奶在织着毛衣呢。

2 (1) 今天她戴着那顶白帽子吗？
K (她)戴着(呢)。
F 没有。/(她)没戴着。
(2) 上边儿的窗户开着没有？
K 开着(呢)。
F 没有。/没开着。
(3) 那个信封上写着寄信人的地址没有？
K 写着(呢)。
F 没有。/没写着。

(4) 你去的时候, 他们都看着电视没有？
K 看着呢。
F 没有。/没看电视。
(5) 楼上住着人吗？
K 住着(呢)。
F 没有。/没住着。

3 (1) 门没开着。
(2) 他醒着(呢)。
(3) 花瓶里插着鲜花(呢)。
(4) 他们跳着舞呢。
(5) 墙上挂着一张画。
(6) 校园里种着很多果树。
(7) 大家都知道那件事。
(8) 她很像她妈妈。
(9) 老师去学校了。
(10) 事情就是这样结束了。

4 (1) 摆着(放着)　(2) 收着　(3) 含着　(4) 拿着
(5) 放着　(6) 挂着　(7) 盛着　(8) 站着

5 (1) 昨天博物馆门外停着很多游览车。
(2) 今天博物馆门外又停着很多游览车。
(3) 看起来, 明天还会停着很多游览车。
(4) 昨天上课的时候, 他注意地听着老师讲的话。
(5) 现在, 他们认真地听着老师讲课。

22 완료·실현의 동태

1 (1) 我买(了)地图了。我没(有)买地图。
(2) 他看了那本书。他没(有)看那本书。
(3) 我吃(了)饭了。我没(有)吃饭。
(4) 她洗(了)脸了。她没(有)洗脸。
(5) 他来了。他没(有)来。

2 (1) Wǒ hái méi mǎi dìtú ne.
(2) Tā hái méi kàn nà běn shū ne.
(3) Wǒ hái méi chīfàn ne.
(4) Tā hái méi xǐ liǎn ne.
(5) Tā hái méi lái ne.

3 (1) 他们赢了吗？他们赢了没有？
(2) 弟弟睡了吗？弟弟睡了没有？
(3) 妹妹昨天看电影了吗？
妹妹昨天看电影了没有？

167

연습문제 해답

  (4) 昨天晚上哥哥喝啤酒了吗?
    昨天晚上哥哥喝啤酒了没有?
  (5) 他们上午打网球了吗?
    他们上午打网球了没有?

4 (1) 他们赢没赢?
 (2) 弟弟睡没睡?
 (3) 妹妹昨天看不看电影?
 (4) 昨天晚上哥哥喝没喝啤酒?
 (5) 他们上午打没打网球?

5 (1) 昨天上午他们参观了一个美术馆。
 (2) 昨天下了一阵大雨。
 (3) 刚才发生了地震。
 (4) 刚才来了一个电话。
 (5) 下了课, 就去游泳池游泳吧。
 (6) 明天下了班, 就找您去。
 (7) 吃了饭, 一块儿散散步吧。
 (8) 他上高中的时候, 每天打网球。
 (9) 去年冬天我们常常滑雪。
 (10) 他以前常常迟到, 现在按时上学了。

6 (1) 他洗(了)澡了。
 (2) 夏天我们常常去游泳。
 (3) 上次美国留学生没看足球比赛。
 (4) 他像他父亲。
 (5) 昨天我们没看节目。
 (6) 明天下午他见了朋友, 再去买东西。
 (7) 他们俩已经翻译了那篇文章。
 (8) 他去商店买了一双冰鞋。

23 경험과 임박의 동태

1 (1) 他来过。
 (2) 我也去过。
 (3) 他们都去过中国。
 (4) 去年我看过一个中国电影。
 (5) 亿万年前这里存在过恐龙。

2 (1) 你吃过吗?
   你吃过没有?
   你吃(过)没吃过?
 (2) 这个歌, 你听过吗?
   这个歌, 你听过没有?

   这个歌, 你听(过)没听过?
 (3) 他画过油画吗?
   他画过油画没有?
   他画(过)没画过油画?

3 (1) 灰心过→灰过心
 (2) 是过→是
 (3) 不看过→没看过
 (4) 在过→在
 (5) 留学→留过学
 (6) 坐过船去→坐船去过
 (7) 明天作过→明天作了
 (8) 没吃过呢→没吃呢

4 (1) 前天我买了一件毛衣。
   그제 나는 스웨터 하나를 샀다.
 (2) 一场热烈的讨论正在进行着。
   열렬한 토론이 지금 진행되고 있다.
 (3) 我从来没听说过这么奇怪的事儿。
   나는 지금까지 이렇게 이상한 일은 들은 적이 없다.
 (4) 想着想着笑了起来。
   생각하다보니 웃음이 나오기 시작했다.
 (5) 你去过美国没有?
   당신은 미국에 가본 적이 있습니까?
 (6) 我们了解了不少情况。
   우리는 많은 상황들을 이해했다.
 (7) 明天你见了张老师替我问好。
   내일 너는 장 선생님을 만나거든 내 대신 안부를 전해다오.
 (8) 我们去过不少地方, 就是没有到过桂林。
   우리는 많은 곳을 가보았지만, 바로 꾸이린에 가보지 못했다.
 (9) 那本杂志, 他看了看又放回去了。
   그 잡지를 그는 보고나서 원래의 자리에 놓았다.
 (10) 妈妈领着妹妹去托儿所。
   어머니는 여동생을 데리고 유아원에 가셨다.

5 A : 这张照片, 你看过没有?
 B : 没看过。一共有多少人?
 A : 五十个人左右。
 B : 小李和小张在哪儿?
 A : 小李在这儿站着, 小张坐着。
 B : 你在哪儿呢?
 A : 我在这儿, 笑着呢。
 B : 喔, 在这儿。
 A : 这是国立博物馆。你去过吗?
 B : 没去过。

A : 那, 这个星期六下了课, 一块儿去吧。好不好？
B : 那太好了, 一块儿去吧。

6
(1) 他要回来了。
그는 돌아올 것이다.
(2) 请大家注意, 火车要进站了。
여러분 주의하세요, 기차가 곧 역에 들어올 것입니다.
(3) 快要放暑假了, 你想到哪儿去旅行？
곧 여름방학인데, 너는 어디로 여행을 가고 싶니?
(4) 我们一月二十五号, 就要考试了。
우리는 1월 25일에 시험을 볼 것이다.
(5) 电车马上要开了。
전차는 곧 출발할 것이다.
(6) 飞机就要起飞了吗？没有。
비행기는 곧 이륙합니까? 아니요.
(7) 昨天客人要到的时候, 我父亲才从外边回来。
어제 손님들이 막 도착할 때에 내 아버지께서는 비로소 바깥에서 돌아오셨다.

7
(1) 快 (2) 就 (3) 就 (4) 就 (5) 快

8
(1) 我们快要毕业了。
(2) 我们三月就要毕业了。
(3) 他快要出院了。
(4) 他下星期一就要出院了。
(5) 四月就要开学了。
(6) 我们马上就要分别了。
(7) 这座楼眼看就要盖好了。
(8) 稻子眼看就要割完了。
(9) 昨天我要出门的时候, 忽然下起了大雨。
(10) 衣服马上就要熨好了。

24 '得' 보어 : 정도보어와 양태보어

1
(1) 我最近忙得很。
나는 최근 너무 바쁘다.
(2) 心里急得不得了。
마음이 너무 급하다.
(3) 今天冷极了。
오늘은 너무 춥다.
(4) 他来得很早。
그는 일찍 왔다.
(5) 雨下得不小。
비가 많이 내렸다.
(6) 你睡得晚不晚？
너는 늦게 자니?

(7) 他说得大家都笑了。
그가 말하는 것이 모두를 웃게 만들었다.
(8) 他们念课文都念得很清楚。
그들은 본문을 읽는 것이 매우 분명하다.
(9) 那些生词他用得怎么样？
그가 그 새로운 단어들을 쓰는 것이 어떤가?
(10) 孩子们高兴得又蹦又跳。
아이들은 기뻐서 팔짝팔짝 뛰었다.

2
(1) 我休息得不好。
(2) 你起得早不早？
(3) 他回答问题回答得对吗？
(4) 他们打乒乓球都打得不错。
(5) 我们高兴得不得了。

3
(1) 他跑得很快。
(2) 她唱得好不好？
(3) 妈妈做饭做得很好。
(4) 老师说话说得比较慢。
(5) 那个孩子写字写得不好。
(6) 他们常常来得很早。
(7) 她们跳舞都跳得很精彩。
(8) 小孩儿怕得很。

4
(1) a 他写信写得很快。
b 他很快地写了一封信。
(2) a 今天早上我起得太早了。
b 明天早上我早起, 去公园散步。
(3) a 他们工作得很紧张。
b 现在他们都紧张地工作。
(4) a 她跑得很快。
b 八点上课, 现在差五分八点, 咱们快跑去！
(5) a 他们检查得很仔细, 不会有错误。
b 我们仔细地检查了, 没发现错误。

5
(1) 봄에 비가 온 뒤에는 죽순이 점점(지속적으로) 자라나는 것/새로운 사물이 대량으로 나타나 왕성하게 늘어나는 것을 비유한다.
(2) 사람이 산 같으며 바다 같은 것/ 사람이 모인 모양이 매우 많은 것을 표현한다.

25 V + 결과보어

1
(1) a 그는 한 권의 소설을 썼다.
b 그 문장을 그는 다 썼다.

(2) a 그는 어제 침대보 하나를 빨았다.
　　b 그는 깨끗하게 씻지 않았다.
(3) a 그녀는 요리를 두 접시 했다.
　　b 그녀는 두 접시의 요리를 다 했다.
(4) a 나는 중국어 방송을 듣는다.
　　b 소리가 너무 작아서, 나는 잘 듣지 못했다.
(5) a 우리는 본문을 읽었다.
　　b 마땅히 본문 읽는 것에 익숙해져야 연습을 한다.

2 (1) 听见　(2) 记住　(3) 学会　(4) 画成
　　(5) 听懂　(6) 睡着　(7) 买到　(8) 写错
　　(9) 安排好　(10) 吃惯

3 (1) 听见了　听见了没有　(还)没听见
　　(2) 记住了　记住了没有　(还)没记住
　　(3) 学会了　学会了没有　(还)没学会
　　(4) 画成了　画成了没有　(还)没画成
　　(5) 听懂了　听懂了没有　(还)没听懂
　　(6) 睡着了　睡着了没有　(还)没睡着
　　(7) 买到了　买到了没有　(还)没买到
　　(8) 写错了　写错了没有　(还)没写错
　　(9) 安排好了　安排好了没有　(还)没安排好
　　(10) 吃惯了　吃惯了没有　(还)没吃惯

4 (1) 你看完这本杂志了吗？(~了没有？)
　　 Nǐ kànwán zhè běn zázhì le ma?
　　(2) 这本小说, 我们翻译成中文。
　　 Zhè běn xiǎoshuō, wǒmen fānyìchéng Zhōngwén.
　　(3) 我还没买到那本词典。
　　 Wǒ hái méi mǎidào nà běn cídiǎn.
　　(4) 孩子们躺到床上就睡着了。
　　 Háizimen tǎngdào chuángshang jiù shuìzháo le.
　　(5) 有人敲门, 你听见了没有？
　　 Yǒu rén qiāo mén, nǐ tīngjian le méiyou?

5 (1) 翻译成中文
　　(2) 笑死人了
　　(3) 打开书了(打开了书)
　　(4) 学好汉语
　　(5) 没找到
　　(6) 睡着zháo了
　　(7) 睁开眼睛
　　(8) 看清楚(看见)
　　(9) 没吃完
　　(10) 不看完

6 (1) 见　(2) 下　(3) 走　(4) 着　(5) 着
(6) 见　(7) 下　(8) 走　(9) 着　(10) 着
(11) 见　(12) 着

26 방향보어

1 (1) 来　(2) 去　(3) 去　(4) 来　(5) 来
　　(6) 来　(7) 去　(8) 去　(9) 来　(10) 来

2 (1) 回家去
　　(2) 进城去
　　(3) 寄一封信去
　　(4) 买两斤葡萄来
　　(5) 走进车间来
　　(6) 爬上长城去
　　(7) 拿下一本中文书来
　　(8) 下起雨来
　　(9) 转过身去
　　(10) 跳起舞来

3 (1) 大夫下楼来了。
　　(2) 倒一杯水来！
　　(3) 汽车不能开进公园里来。
　　(4) 大家鼓起掌来了。
　　(5) 他转过脸来, 我才认出他。

4 一包钱
一天早上, 太阳刚<u>出来</u>, 十一岁的张小华又跑又跳地去上学。快到学校的时候, 他发现路旁的草地里有一个小纸包儿, <u>检起来</u>一看, 是个旧信封, 里边装着五十块钱。张小华想: "丢钱的人大概是从乡下到城里来买东西的。我一定要找到这个人, 把钱交给他。" 她又想: "丢钱的人也许会<u>回来</u>找的, 就站在那儿等着。"

过了一会儿, 一个五六十岁的老大爷<u>走过来</u>了, 他一边走一边往地上看。

张小华想: "这大概就是丢钱的人", 就<u>跑过去</u>问: "老大爷, 您丢东西了吗？"

"是啊, 小姑娘, 你看到一个小纸包没有？"

张小华一听, 就高兴地把纸包儿<u>拿出来</u>, 说: "这是您的吧？"

老大爷<u>接过</u>纸包儿说: "是我的。小姑娘, 谢谢你。你叫什么名字啊？"

"老大爷, 不用谢。这是我应该做的事情。" 小华说完就向学校跑去了。

돈 봉투

어느날 아침, 해가 막 떠올랐는데, 열한 살 된 장 소화는 팔짝팔짝 뛰면서 등교를 했다. 학교에 다 왔을 때, 그는 길가의 풀밭에서 종이봉투 하나를 발견했고, 주워서 보니 오래된 편지봉투로, 안에는 50위안이 들어 있었다. 장 소화는 생각했다. "돈을 잃어버린 사람은 아마도 시골에서 도시로 뭔가를 사러 왔나보다. 나는 반드시 이 사람을 찾아서 돈을 돌려줘야지." 그녀는 또 생각했다. "돈을 잃어버린 사람은 아마도 찾으러 다시 올 테니, 거기 서서 기다려야지."

잠시 후, 한 5~60세의 노인이 걸어왔는데, 그는 걸으면서 땅을 살피고 있었다.

장 소화는 생각했다. "이 사람이 아마도 돈을 잃어버린 사람인가보다." 곧 뛰어가서 물었다. "할아버지, 뭘 잃어버리셨어요?"

"그래, 작은 아가씨, 너 종이봉투 하나 못 보았니?"

장 소화는 말을 듣고, 기뻐서 종이봉투를 끄집어내고는 말했다. "이게 할아버지 거죠?"

노인은 종이봉투를 건네받고 말했다. "내 거구나. 아가씨, 고마워. 네 이름이 뭐지?"

"할아버지, 감사하실 필요 없어요. 이건 제가 꼭 해야 하는 일인 걸요." 소화는 말을 마치고 학교를 향해 뛰어갔다.

27 방향보어의 파생의

1 (1) 关上　(2) 接过　(3) 收起来
　 (4) 脱下来　(5) 醒过来

2 (1) 他看起来有四十多岁。
　 (2) 说起来容易, 做起来难。
　 (3) 公司的电话号码, 我写下来了。
　 (4) 这个节目没意思, 我不想看下去了。
　 (5) 他一定是爱上你了。
　 (6) 下起雨来了。

3 (1) 上去　그는 이미 더 이상 우리 공장에서 일하지 않아, 진작에 전근갔다.
　 (2) 下来　여러분 우비를 벗어서 이곳에 거세요.
　 (3) 下来　차가 멈춰섰다.
　 (4) 下去　날이 어두어져 우리는 더 이상 계속 갈 수 없다.
　 (5) 起来　그는 나날이 뚱뚱해졌다.
　 (6) 下来　전화번호를 쓰세요.
　 (7) 过来　그녀는 깨어나서 처음한 말은 아이들이 어디 있냐는 것이었다.

　 (8) 起来　빨리 장남감을 정리해라.
　 (9) 过去　그녀가 쓰러졌어, 빨리 병원에 보내 치료하자.
　 (10) 起来　보아하니, 이번 일은 그가 반대하지 않을 것이다.

28 결과보어 · 방향보어의 가능형

1 (1) 上去 — 上得去 / 上不去 — 上得去上不去?
　 궁) 上得去。= 能(可以)上去。
　　　　　　　= 能(可以)上得去。
　 부) 上不去。
　 (2) 拿下来 — 拿得下来 / 拿不下来 — 拿得下来拿不下来?
　 궁) 拿得下来。= 能(可以)拿下来。
　　　　　　　　= 能(可以)拿得下来。
　 부) 拿不下来。

2 (1) 看见 — 看得见 / 看不见 — 看得见看不见?
　 궁) 看得见。= 能(可以)看见。
　　　　　　　= 能(可以)看得见。
　 부) 看不见。
　 (2) 买到 — 买得到 / 买不到 — 买得到买不到?
　 궁) 买得到。= 能(可以)买到。
　　　　　　　= 能(可以)买得到。
　 부) 买不到。

3 (1) "空气"kōngqì 공기
　 (2) "体温"tǐwēn 체온

4 (1) 오후 4시 반 이전에 오늘 일을 마칠 수 있나?
　 (2) 공간이 너무 좁아서 차를 돌릴 수 없다.
　 (3) 근 반나절동안 말을 안 한다.
　 (4) 그 극장에는 500명이 앉을 수 없다.
　 (5) 선생님께서 병이 나셔서 어제 수업을 할 수 없었다.
　 (6) 이렇게 마오타이술이 많은데, 너는 마실 수 있니 없니?
　 (7) 나는 이렇게 연습하는데 2시간에 들지 않는다.
　 (8) 너는 나를 도와줄 필요 없어, 나혼자 이것들을 들 수 있다.

연습문제 해답

(9) 이 반지는 너무 비싸서 나는 살 수가 없다.
(10) 그 요리는 너무 매워서 먹을 수 없다. 이것은 맵지 않아서 먹을 수 있다.

5 (1) 我今天累得走不动了。
(2) 这个房间太小, 住不下五个人。
(3) 我已经吃饱了, 吃不下了。
(4) 真抱歉, 今天晚上我去不了了。
(5) 我看中了那架照相机, 但是价钱太贵, 我买不起。

6 (1) 나는 네 기대를 저버려서 네게 너무 미안하다.
(2) 네가 이렇게 하면 어머니를 볼 낯이 있겠니?
(3) 창문 닫는 것은 잊었어, 어쩐지 이렇게 춥더라니.
(4) 왕 선생님은 귀가하신 후에도 쉴 틈도 없이, 또 다음 날 준비를 하신다.
(5) 그들 둘은 너무 마음이 잘 통해서 하루종일 함께 공부하고 일한다.
(6) 내 말을 듣고 그는 참지 못하고 크게 웃기 시작했다.
(7) 그녀는 누구든지 다 무시하고 자신만 소중히 여긴다.
(8) 그가 믿을 수 없는 사람이라는 것을 모두들 다 안다.
(9) 벌써 11시네, 이 일을 오늘은 끝낼 수 없겠다. 내일 다시 하자.
(10) 오늘의 음악회는 7시에 시작하는데, 자전거를 타고 가도 제때 도착할 수 있다.

29 동량·시량·차량

1 (1) 一次 (2) 一遍 (3) 一趟 (4) 一番
(5) 一顿 (6) 一下 (7) 一眼 (8) 三天
(9) 一会儿 (10) 一点儿

2 (1) 我见过他一次。
(2) 大夫来过这儿两回。
(3) 我去了好几趟, 才找到他。
(4) 一天吃三顿饭。
(5) 我们坐了四十多分钟。
(6) 他们上了两个小时(的)课。
(7) 我哥哥毕业三年了。
(8) 这种圆珠笔比那种便宜一点儿。

3 (1) 他去年回了一次国。
(2) 她朝我点了一下头。
(3) 咱们打一场球, 怎么样?

(4) 我们问过他几次。
(5) 中国已经解放四十多年了, 发生了很大的变化。
(6) 我学英文学了六年, 中文学了一年。
    我英文学了六年, 中文学了一年。
    我学了六年(的)英文,(学了)一年(的)中文。
(7) 我看漫画只看了一个半小时。
(8) 我妹妹学法文要学两年。
(9) 他来中国半年了。
(10) 他比我大一点儿。

4 (1) 我劝了他一番。
(2) 昨天我给你打了两回电话, 都没打通。
(3) 你走的时候告诉老师一声。
(4) 他们看电视只看了两个小时。
(5) 他们班的学生比我们班的多五个。

5 (1) a 你去过中国吗?
    b 我去过两次中国。(我去过中国两次。)
(2) 你学过中文吗?
    b 在大学作为第二外语只学过两年, 已经毕业三年, 都忘光了。
(3) a 中文, 学多长时间能(会)说话?
    c 我有一个朋友, 他去中国留过一年学, 他说得不错。
(4) a 最近见到她了吗?
    b 上个月看见她了。她结婚刚一年多, 比以前胖了一点儿。

30 비교의 표현법

2 (1) (긍정) 这棵树比那棵树高。
    (부정) 那棵树没有这棵树(这么 / 那么)高。
(2) (긍정) 这座楼比那座楼矮。
    (부정) 那座楼没有这座楼(这么 / 那么)矮。
(3) (긍정) 这本书比那本书厚。
    (부정) 那本书没有这本书(这么 / 那么)厚。
(4) (연령차) 这个男孩儿比那个女孩儿大两岁。
    (연령차) 那个女孩儿比这个男孩儿小两岁。
(5) (긍정) 这个苹果跟那个苹果一样大。

2 (1) 她的衬衫比我的更(还)贵。
(2) 今天的考试比昨天的难得多。
(3) 她比谁都热情。

(4) 他的摩托车跟我的不一样。
(5) 她不如她姐姐热情。

3 (1) 这辆汽车比那辆新得多。
(2) 今年的产量比去年的多一倍。
(3) 论技术，我们都不如张师傅。
(4) 这件事比那件事更重要吗？
    这件事有那件事重要吗？
(5) 那个箱子跟这个箱子一样重。

4 (1) 韩国人比中国人喜欢吃大米。
(2) 这篇小说没有那篇那么有意思。
(3) 我姐姐比我睡得晚一点儿。
    我姐姐睡得比我晚一点儿。
(4) 天气一天比一天冷起来了。
(5) 你一个人去不如我们大家一起去。

5 (1) 그 옷은 이 옷보다 예쁘다.
(2) 내일도 그의 일보다 수월하지 않다.
(3) 내 키는 그보다 작다.
(4) 그곳은 이곳보다 시끄럽다.
(5) 이런 맥주는 청도 맥주보다 나쁘지 않다.

31 '把' 구문

1 (1) Tā bǎ nà běn liánhuánhuà kànwán le.
(2) Tā yǐjing bǎ nà fèn wénjiàn názǒu le.
(3) Nǐ bǎ chuānghu guānhǎo!
(4) Wǒ bǎ qiánbāo diū le.

2 (1) +"了"
    그들은 생일케익을 먹었다.
(2) +"着"
    너는 소개편지를 가지고 가라.
(3) +결과보어 "好"
    너는 반드시 이 일을 잘해야 한다.
(4) +목적어 "你"
    나는 이 5위안을 너에게 돌려주마.
(5) +방향보어 "起来"
    봄이니, 외투를 정리해라.
(6) +양태보어 "得很熟了"
    그는 대사를 능숙하게 외웠다.
(7) +동사의 중복 "擦擦"
    너는 테이블을 닦아라.

(8) +상황어 "满地" "乱"
    수박 껍데기를 아무데나 던지지 마라!

3 (1) 那个小孩把自己的衣服放在床上了。
(2) 她每个月把省下来的钱存在银行里。
(3) 请把下列的句子翻译成日语。
(4) 领队把篮球队的队员(or我们)介绍给我们(or篮球队的队员)了。

4 (1) 동사 단독으로는 쓰이지 않으며, 带来、带去 등으로 나타낸다.
(2) 知道는 把를 사용할 수 없는 동사이다.
(3) 가능보어는 사용할 수 없다.
(4) 还没는 把 앞에 위치하여야 한다.
(5) 要는 把 앞에 놓아 一定要把~~의 구문으로 쓰인다.

5 씨앗 하나

씨앗 하나가 진흙 속에서 잠들어 있었다. 씨앗은 깨어나서 매우 따뜻하다고 느꼈고, 몸을 쭉 폈다.

씨앗은 조금 목이 말라서 물을 한모금 마셨는데, 매우 편안해서 또 몸을 쭉 폈다. 봄바람이 산들산들 불었다. 씨앗은 지렁이에게 물었다. '밖에서 들리는 소리는 무슨 소리예요?'

지렁이가 말했다. '그건 봄바람이야, 봄바람이 우리에게 밖으로 나오라고 부르는 거야.'

'밖은 어떤 모습인가요? 또 역시 이렇게 어두운가요?'

'아니, 밖은 매우 환해.' 지렁이는 말하면서 바깥쪽을 팠다.

'내가 너를 도와서 흙을 좀 느슨하게 해줄게, 네가 뚫고 나갈 수 있게.'

씨앗은 말을 듣고 매우 기뻐서 또 몸을 쭉 폈다.

봄바람은 노래를 부르고 있었고, 시냇물도 노래를 부르고 있었고, 작은새도 노래를 부르고, 어린아이도 노래를 부르고 있었다. 씨앗은 바깥이 소란스러운 것을 듣고 급히 말했다. '야, 나도 빨리 나가야겠어요!'

씨앗은 또 몸을 쭉 폈는데 눈앞이 갑자기 환해졌다.

야, 정말 환한 세상이네!

32 '被' 구문

1 (1) 문이 닫혔다.
(2) 베이징이 해방되었다.
(3) 다양한 약이 보내져왔다.

173

연습문제 해답

　　(4) 샤오밍의 습관이 날이 갈수록 이상해졌다.
　　(5) 그 사람은 구출되었지만, 그를 구한 반장은 희생되었다.
2　(1) 被　내 비밀이 그에 의해 밝혀졌다.
　　(2) 被　듣자하니 그가 그녀에게 차였다는데, 너 아니?
　　(3) 被　샤오 왕은 학교 대표로 뽑혔다.
　　(4) 被~所~　나는 자오 숙부의 말에 깊이 감동받았다.
　　(5) 叫　그는 비에 젖은 후 사흘동안 아팠다.
　　(6) 让　손님이 잃어버린 손목시계를 한 초등학생이 주워서 경찰에게 갔다주었다.
　　(7) 让　멀쩡한 책이 아이에 의해 찢겨졌다.
3　(1) 剩下的钱那个小偷偷走了。
　　(2) 电视机被我弟弟弄坏了。
　　(3) 那块大石头被洪水冲得没影儿了。
　　(4) 那个村子被敌人围了三天三夜。
　　(5) 院子里的雪被孩子们扫到一边去了。
4　(1) 没는 被의 앞에 놓아야 한다.
　　(2) 叫의 뒤에는 사람이 와야 한다. "叫人~~"
　　(3) 有는 수동으로 쓸 수 없다.
　　(4) 踩는 단독으로 쓰이지 않는다. 踩碎了
　　(5) 做不完의 가능보어는 被 자문에 쓸 수 없다.
　　(6) 刚은 被 앞에 위치하여야 한다.
5　(1) 衣服被他撕破了。
　　(2) 衣服妈妈做好了。
　　　 妈妈做好衣服了。
　　(3) 米饭被她煮糊了。
　　(4) 米饭我煮好了。
　　　 我煮好米饭了。
　　(5) 自行车没被小偷儿偷走。
　　(6) 自行车他领回来了。
　　　 他领回来自行车了。
　　(7) 麦子已经被雨淋了。
　　(8) 我们从来没被困难吓倒。
　　(9) 今天的报放在哪儿了？
　　(10) 报纸他买来了。

33 연동문(2)

1　(1) 爸爸不让弟弟看电视。
　　아버지는 남동생으로 하여금 텔레비전을 보지 못

하게 하신다.
　　(2) 妈妈叫我早点儿给她写信。
　　어머니는 나에게 일찍암치 그녀에게 편지를 쓰도록 시키셨다.
　　(3) 虚心使人进步, 骄傲使人落后。
　　겸손은 사람을 진보시키고, 교만은 사람을 낙후시킨다.
　　(4) 他请我们去他家玩儿。
　　그는 우리들에게 그의 집에 가서 놀자로 청했다.
　　(5) 他派两个神仙把两座山背走了。
　　그는 두 선인을 보내어 두 개의 산을 등에 메고 가도록 했다.
　　(6) 我们班有两个同学去过中国。
　　우리 반의 두 명의 학우가 중국에 간 적이 있다.
2　(1) 모두 먹을 밥과 입을 옷, 주거할 집이 있다.
　　(2) 나는 너와 상의할 일이 있다.
　　(3) 나는 어려움을 해결할 방법이 있다.
　　(4) 나는 너와 함께 이곳저곳 돌아다닐 시간이 없다.
　　(5) 그는 이 시합에 참가할 자격이 없다.
3　(1) 让 / 叫
　　(2) 叫 / 让
　　(3) 让 / 叫
　　(4) 派 / 叫 / 让
　　(5) 使 / 让 / 叫
　　(6) 请 / 让 / 叫
　　(7) 有
　　(8) 没有, 没有
4　(1) 这些东西是让你带来的？
　　이 물건들은 너로 하여금 가지고 오도록 한 것이냐?
　　(2) 让我们永远生活在一起。
　　우리들로 하여금 영원히 함께 살 수 있도록 해주세요.
　　(3) 他们跳舞跳得很好, 大家又请他们跳了一遍。
　　그들은 춤을 너무 잘 추어서, 모두들 그들에게 다시 춤을 한번 춰달라고 청했다.
　　(4) 昨天的事使他的情绪有些波动。
　　어제의 일로 인해 그의 기분은 조금 술렁거렸다.
　　(5) 他退休以后, 成天没有事干。
　　그는 퇴직한 후, 하루종일 할 일이 없다.
5　(1) a　让你久等了, 真对不起。
　　　 b　没关系, 我也刚来。
　　(2) a　刘老师教得怎么样？
　　　 b　刘老师每天叫我们背生词。
　　(3) a　听说小李明天请我们吃中国菜。

b 那太好了。
(4) a 师傅，请往右拐。
b 这条路不让汽车进去。
(5) a 希望去外国留学的学生比较多吧。
b 对，这两三年我们国家派了不少学生到外国留学。

딩딩의 손
수업시간에 선생님은 딩딩의 손이 매우 더러운 것을 발견하고는 그는 일어나도록 시켰다.
'딩딩, 네 손을 내밀어 모두들에게 보여주렴.' 딩딩은 조심조심 오른손을 내밀었다. 선생님이 말했다. '만약 네가 이 교실 안에서 이 손보다 더 더러운 손을 찾을 수 있다면 너를 앉혀주마'
딩딩은 급히 왼손을 내밀고는 자신있다는 듯 말했다.
'이 손이 더 더럽지 않나요?'

34 어기조사 · 반어문

1
(1) 나는 지금 또 일이 있어서 클럽에 갈 수 없다.
(2) 나는 평생동안 잊지 않을 것이다.
(3) 날이 정말 빨리 간다!
(4) 샤오 장, 너는 베이징에 안 가니?
(5) 그럼 이렇게 하자, 내가 갈게.
(6) 너는 이런 하찮은 일에 신경 끊어라.
(7) 이게 어찌 된 일이지?
(8) 대략 열흘 전쯤 그는 일찍이 내게 편지를 한 통 보냈다.
(9) 이 소설은 농촌생활을 반영했는데, 저건?
(10) 어린이에게는 재미없는 것이 없다.

2 (1) 呢 (2) 吧 (3) 的 (4) 啊 (5) 嘛

3 제비는 떠나고 다시 돌아오는 때가 있다. 버드나무가 말라도 다시 푸르러지는 때가 있다. 복숭아꽃이 져도 다시 피는 때가 있다. 하지만 똑똑한 이여, 너는 내게 말했지, 우리의 시간은 왜 한번 가면 돌아오지 않는지? 어떤 이가 그것들을 훔쳤기 때문이다. 그건 누구지? 또 어디에 숨겼지? 바로 우리 자신이 훔쳐버린 것이다. 지금은 또 어디에 갔는지?
 날 듯이 도망가는 시간속에서, 복잡한 세상 속의 나는 무엇을 할 수 있겠는가? 오로지 배회할 뿐이다. 오로지 바쁠 뿐이다. 팔천여 일의 바쁜 생활속에서 배회하는 것을 제외하면 또 무엇이 남을까? 과거의 시간은 가벼운 연기처럼 미풍에 흩날리고 옅은 안개처럼 첫 햇빛에 증발해버렸다.
 나는 무슨 흔적을 남겼는가? 내가 언제 아지랑이 같은 흔적을 남겼던가? 나는 벌거벗은 채 이 세상에 왔고 순식간에 또한 벌거벗은 채로 돌아갈 뿐인가? 하지만 평등할 수는 없다. 왜 굳이 헛되이 이 인생을 보내야만 하는가?
 총명한 당신, 나에게 알려다오, 우리의 시간은 왜 한번 가면 돌아오지 않는가를?

4 (1) 不是~吗?
너는 그곳에 가본 게 아니니? 그럼 우리에게 길 안내를 해줘.
(2) 怎么能
해방 전 그의 집은 밥도 못 먹었는데, 어찌 공부할 돈이 있었겠는가?
(3) 哪儿~呢
비가 이렇게 많이 오는데 어떻게 네가 올 거라고 생각했겠니?
(4) 还能~水
처음 수영을 배우는데 물을 마시지 않을 리가 있니?
(5) 难道~吗
우리는 이렇게 오랫동안 함께 일했는데 설마 너는 아직 나를 이해 못하니?

5 (1) 我们不是已经约好了吗?
(2) 这些工作，我一个人怎么做不完。
(3) 他哪儿知道这件事啊?
(4) 哭什么? 这么大了还哭!
(5) 他给了我们这么大的帮助, 我们哪儿能不感谢他呢?

6 (1) 什么
(2) 怎么
(3) 哪儿

35 복문 · 긴축문

1 (1) 问题解决得(越)快越好。
문제는 빨리 해결될수록 좋다.
(2) 连孩子们(都)很讲礼貌。
아이들도 매우 예의를 따진다.

(3) (除了)这个以外, 还有什么办法?
　　 이것 이외에 또 무슨 방법이 있나?
(4) 这个孩子每天(不是)打球, 就是游泳。
　　 이 아이는 매일 공을 차거나 수영을 한다.
(5) 不但北京, (而且)全国各地都传开了这个消息。
　　 베이징 뿐만 아니라 전국 각지에도 이 소식이 전해졌다.
(6) 大家要是同意, (就)这样决定吧。
　　 모두들 동의한다면, 이렇게 결정하자.

2　(1) f　(2) d　(3) a　(4) b　(5) g
　　 (6) c　(7) e

3　(1) 네가 돈이 얼마 필요하든 내가 줄게.
　　 (2) 이곳에는 책이 많으니 네가 보고 싶은 것을 보거라.
　　 (3) 그 아버지에 그 아들이다.
　　 (4) 이 문제를 풀 수 있는 사람이 모두들에게 설명해라.
　　 (5) 네가 오고 싶을 때 와라.

4　(1) 不论天气好不好, 我们都要去。
　　 (2) 她除了喜欢卡拉OK以外, 还喜欢跳舞, 性格开朗得很。
　　 (3) 他非去医院看她不可。
　　 (4) 天上没有月亮, 连星星也没有。
　　 (5) 好久没见到他, 难道他回国了吗?
　　 (6) 这本小说很有意思, 如果你有时间的话, 可以看看。
　　 (7) 那个人最近没有精神, 好像有什么心事似的。
　　 (8) 他一边抽着烟, 一边和朋友聊天儿呢。
　　 (9) 我越劝他别生气, 他越生气。
　　 (10) 只有这样做, 才能解决问题。

5　(1) a 그는 오늘 수업에 오지 못했는데, 아픈 게 아니라 일이 있었다.
　　　　 b 그는 올해 대학을 졸업한 것이 아니라 작년에 졸업했다.
　　 (2) a 나는 가장 추운 때 역시 계속 새벽에 산보를 한다.
　　　　 b 만약 모두들 최선을 다한다면 그 일은 잘 처리될 것이다.
　　 (3) a 연극을 할 때 긴장하지 마라. 일단 긴장하면 연극이 잘 안 된다.
　　　　 b 나는 그가 사는 곳에 가서 물어서야 그가 새 기숙사로 이사갔다는 것을 알았다.
　　 (4) a 날씨가 이렇게 좋은데, 집에서 소설을 보느니 차라리 나가서 놀자.

　　　　 b 그는 자기가 피곤해질 망정 다른 사람에게 폐를 끼치지는 않는다.
　　 (5) a 오로지 수도위원에 가면, 네 병은 나을 수 있다.
　　　　 b 단지 수도병원에 가야만 비로소 네 병은 나을 수 있다.

6　(1) 8시에 차가 오지 않으면 기다리지 않겠다.
　　 (2) 상황을 이해하지 못하면 아무렇게나 말하지 마라.
　　 (3) 나한테 방법이 있으면 너를 구해줄까?
　　 (4) 가지 못하게 하면 안 가, 나중에 나에게 가라고 해도 안 가.
　　 (5) 너는 말 안해도 안다.
　　 (6) 그는 줄곧 묻지도 말하지도 않는다.
　　 (7) 다시 다그치지 않으며 임무를 완성하지 못할 것이다.
　　 (8) 일이 없으면 너를 찾으러 오지 않는다.
　　 (9) 사람들이 너무 많이 오면 표를 발급한다.
　　 (10) 네가 오든 안 오든, 네가 오면 환영할 것이고, 안 와도 너를 탓하지 않겠다.

7　(1) 不想看就把电视关上吧。
　　 (2) 不同意就不要举手。
　　 (3) 我饿死也不去替敌人做事。
　　 (4) 产品的质量不合格不能出厂。
　　 (5) 你认真找才能找出错误来。